电子商务专业校企双元育人教材系列

全国现代学徒制工作专家指导委员会指导

电子商务运营 实战技能
ELECTRONIC COMMERCE

主　编	靳亚峰	山东云媒互动网络科技有限公司
	郭　曼	平阴县职业中等专业学校
	陈　瑜	山东公路技师学院
副主编	张福利	山东省淄博市工业学校
	李若楠	枣庄职业学院
	李厚忠	山东女子学院
编　委	靳亚峰	山东云媒互动网络科技有限公司
	郭　曼	平阴县职业中等专业学校
	陈　瑜	山东公路技师学院
	张福利	山东省淄博市工业学校
	李若楠	枣庄职业学院
	李厚忠	山东女子学院
	黄海力	北京农业职业学院
	张　健	山东云媒互动网络科技有限公司
	潘　辰	济南工程职业技术学院
	宗　良	山东云媒互动网络科技有限公司
	叶小濛	山东省济南商贸学校
	王　朋	济南顶商信息科技有限公司
	王　荟	山东省潍坊商业学校
	张　健	山东英普云媒教育科技有限公司
	陆　勇	红地球化妆品集团
	刘武军	广东建设职业技术学院
	路　红	济南顶商信息科技有限公司
	张　黎	山东政法学院

复旦大学出版社

内容提要

本书共分为4个单元。单元一为店铺后台的基础操作，包含基础软件的使用、交易管理、评价管理、物流管理、店铺管理、宝贝发布等内容。该部分培养运营人员最基础的能力。运营人员首先应把这部分掌握扎实，为成为运营高手打下基础。单元二为流量推广。免费流量是店铺流量的基础，是店铺引流的第一步。其中，要提升自然搜索流量，第一，要学会选关键词和选品；第二，要掌握电商平台搜索排名的算法。付费推广引流包含直通车推广、钻石站位推广、淘宝客推广。三大推广里又以直通车推广最为重要。单元三为数据分析，主要学习生意参谋数据解读。高级运营人员必须会看数据，能解读数据含义，通过数据发现店铺的不足和优势，指导店铺更好地运营。单元四主要学习零投资无风险玩法——无货源电商。无货源电商的本质是一件代发货，即"商品搬运工"，搬运商品挣差价是该玩法的核心。选词选品，借助搬运软件多搬运产品，提高搬运效率，是本单元任务的主要内容。

本书任务实操性极强，逐步进阶。没有电商基础的读者要从前往后，跟着任务指导去做，循序渐进，逐步成长；有一定运营经验的读者，从前往后跟着指导去做，可将运营知识进一步系统化，必将有进一步收获。

本套系列教材配有相关的课件、视频等，欢迎教师完整填写学校信息来函免费获取：xdxtzfudan@163.com。

序言 FOREWORD

党的十九大要求完善职业教育和培训体系,深化产教融合、校企合作。自 2019 年 1 月以来,党中央、国务院先后出台了《国家职业教育改革实施方案》(简称"职教 20 条")、《中国教育现代化 2035》《关于加快推进教育现代化实施方案(2018—2022 年)》等引领职业教育发展的纲领性文件,为职业教育的发展指明道路和方向,标志着职业教育进入新的发展阶段。职业教育作为一种教育类型,与普通教育具有同等重要地位,基于产教深度融合、校企合作人才培养模式下的教师、教材、教法"三教"改革,是进一步推动职业教育发展,全面提升人才培养质量的基础。

随着智能制造技术的快速发展,大数据、云计算、物联网的应用越来越广泛,原来的知识体系需要变革。如何实现职业教育教材内容和形式的创新,以适应职业教育转型升级的需要,是一个值得研究的重要问题。国家职业教育教材"十三五"规划提出遵循"创新、协调、绿色、共享、开放"的发展理念,全面提升教材质量,实现教学资源的供给侧改革。"职教 20 条"提出校企双元开发国家规划教材,倡导使用新型活页式、工作手册式教材并配套开发信息化资源。

为了适应职业教育改革发展的需要,全国现代学徒制工作专家指导委员会积极推动现代学徒制模式下之教材改革。2019 年,复旦大学出版社率先出版了"全国现代学徒制医学美容专业'十三五'规划教材系列",并经过几个学期的教学实践,获得教师和学生们的一致好评。在积累了一定的经验后,结合国家对职业教育教材的最新要求,又不断创新完善,继续开发出不同专业(如工业机器人、电子商务等专业)的校企合作双元育人活页式教材,充分利用网络技术手段,将纸质教材与信息化教学资源紧密结合,并配套开发信息化资源、案例和教学项目,建立动态化、立体化的教材和教学资源体系,使专业教材能够跟随信息技术发展和产业升级情况,及时调整更新。

校企合作编写教材,坚持立德树人为根本任务,以校企双元育人,基于工作的学习为基本思路,培养德技双馨、知行合一,具有工匠精神的技术技能人才为目标。将课程思政的教育理念与岗位职业道德规范要求相结合,专业工作岗位(群)的岗位标准与国家职业标准相结合,发挥校企"双元"合作优势,将真实工作任务的关键技能点及工匠精神,以"工程经验""易错点"等形式在教材中再现。

校企合作开发的教材与传统教材相比,具有以下三个特征。

1. 对接标准。基于课程标准合作编写和开发符合生产实际和行业最新趋势的教材,而这些课程标准有机对接了岗位标准。岗位标准是基于专业岗位群的职业能力分析,从专业能力和职业素养两个维度,分析岗位能力应具备的知识、素质、技能、态度及方法,形成的职业能力点,从而构成专业的岗位标准。再将工作领域的岗位标准与教育标准融合,转化为教材编写使用的课程标准,教材内容结构突破了传统教材的篇章结构,突出了学生能力培养。

2. 任务驱动。教材以专业(群)主要岗位的工作过程为主线,以典型工作任务驱动知识和技能的学习,让学生在"做中学",在"会做"的同时,用心领悟"为什么做",应具备"哪些职业素养",教材结构和内容符合技术技能人才培养的基本要求,也体现了基于工作的学习。

3. 多元受众。不断改革创新,促进岗位成才。教材由企业有丰富实践经验的技术专家和职业院校具备双师素质、教学经验丰富的一线专业教师共同编写。教材内容体现理论知识与实际应用相结合,衔接各专业"1+X"证书内容,引入职业资格技能等级考核标准、岗位评价标准及综合职业能力评价标准,形成立体多元的教学评价标准。既能满足学历教育需求,也能满足职业培训需求。教材可供职业院校教师教学、行业企业员工培训、岗位技能认证培训等多元使用。

校企双元育人系列教材的开发对于当前职业教育"三教"改革具有重要意义。它不仅是校企双元育人人才培养模式改革成果的重要形式之一,更是对职业教育现实需求的重要回应。作为校企双元育人探索所形成的这些教材,其开发路径与方法能为相关专业提供借鉴,起到抛砖引玉的作用。

全国现代学徒制工作专家指导委员会主任委员

广东建设职业技术学院校长

博士,教授

2020 年 7 月

前 言 PREFACE

电商在中国发展了近20年的时间,发生了翻天覆地的变化。最早吃螃蟹的只有少数用户。随着淘宝在国内的影响力逐渐扩大,用户群体快速增长。尤其在2014年,阿里巴巴集团在美国纳斯达克上市,当年"双11"期间,成交金额突破570亿元。国内的线下商家被惊醒,工厂以及品牌运营方开始积极上线。最近几年,国家领导人多次在公众媒体表示,支持线上商业的发展。

从现状来看,电商依然在快速爆发,国内电商市场每年以超过30%的速度在增长,远远超过GDP每年6%左右的增幅。可以说,电商行业依然处在红利期。在刚过去的2019年,"双11"期间,淘宝平台销售额达2135亿元,京东也超过2000亿元,加上拼多多等其他平台,整体销售额超过5000亿元。2020年,由于疫情的影响,线下的商业遭受了重创,线上商业受疫情影响最小,电商受到商家、资本方以及国家的极大重视。疫情也培养了更多线上的用户,老年人也逐渐开始线上购物了。无论对于个人、公司、工厂、品牌来讲,电商都是不可错失的机遇。

20年来,线上的运营已经专业化,已经形成一门新的学科。电商运营推广类似于传统学科中的管理学、市场营销学,已经是一门学科。国内绝大部分院校的商业院系也早已开设了电子商务专业或者安排了电商的课程。但是,目前来看,整个电商教育情况还是偏向于理论化,很多知识也比较陈旧。因为,电商平台的变化太快,网店运营的实操性太强,很多高校课程教材跟不上平台的变化。本教材希望能少许弥补高校教材的一点点缺憾,把最新的知识以及实操方法同步更新。

本书有以下特点:

(1) 一线实战工作任务引领

案例及运营操作方法皆来自一线市场,基于电商运营实战,紧跟电商平台变化的需求;内容偏重具体操作方法的讲解,辅以实战指导,使本书更具实战操作的参考价值。

(2) 系统全面规划

在内容规划上,具有系统化、全面化的特点,不仅包含了店铺后台的基础操作,而且详细讲解了选品、免费流量的引入、付费流量的引入、数据分析、最新的无货源电商等内容。系统化的内容安排有利于读者较全面地建立知识体系。

(3) 注重任务驱动

按照任务驱动的方式编写,通过任务贯通各知识点。

(4) 活页式装订

本书采取活页式装订,既重视实战操作的技能讲解,也注重行业发展的现状。技能与行业需求并重。当某知识点过时后,读者可自行更新、调整,保证本书始终与行业需求接轨。

作者

2020 年 8 月

目 录 CONTENTS

单元一　店铺后台基础操作 1-1
　　任务 1　基础软件的订购与使用 1-1
　　任务 2　店铺开通花呗与信用卡 1-9
　　任务 3　交易管理 1-12
　　任务 4　物流管理 1-18
　　任务 5　店铺管理 1-22
　　任务 6　宝贝上架 1-28

单元二　流量推广 2-1
　　任务 1　蓝海选品 2-1
　　任务 2　打造新品搜索排名权重 2-6
　　任务 3　直通车推广 2-16
　　任务 4　钻石展位推广 2-30
　　任务 5　淘宝客推广 2-39

单元三　数据分析 3-1
　　任务 1　生意参谋首页数据理解 3-1
　　任务 2　生意参谋细分板块数据解读 3-8

单元四　无货源电商运营 4-1
　　任务 1　无货源电商工具 4-1
　　任务 2　无货源电商升级玩法 4-5

单元一　店铺后台基础操作

熟练操作网店后台是网店运营人员的基本能力,是必须掌握的实战技能。后台基础操作包括店铺软件使用方法与技巧、交易管理、评价管理、物流管理、宝贝管理、店铺装修等。所有电商平台的后台功能基本相似,而以淘宝平台功能最为完善和丰富。掌握了淘宝平台以后,京东、拼多多等电商平台则触类旁通。所以,本单元学习淘宝的后台运营。

任务1　基础软件的订购与使用

学习目标

1. 掌握淘宝基础软件的订购方法。
2. 掌握单品宝打折、店铺满减、店铺优惠券、套餐搭配等电商基础软件的使用。

学习任务

本任务是掌握店铺常用软件的使用方法和步骤。

软件的订购以及软件的使用,是店铺经营的基本工作,涉及所有店内营销活动。软件是店铺营销活动实现的工具,掌握软件的订购和使用,是运营人员和店长必须掌握的基本工作能力。需要学员通过本任务的学习,掌握软件订购的路径,以及软件使用的方法和技巧,并应用到日常店铺工作中。

任务准备

PC端信息设备,淘宝网平台 https://www.taobao.com/,以及可以真实可操作的淘宝店铺。

任务实施

第1步:软件的订购

软件订购路径:"卖家中心"→"我订购的应用"→"服务订购"→"服务市场"→搜索应用软件,如图1-1-1～1-1-3所示。

图 1-1-1 卖家中心"我订购的应用"页面

图 1-1-2 "服务市场"页面

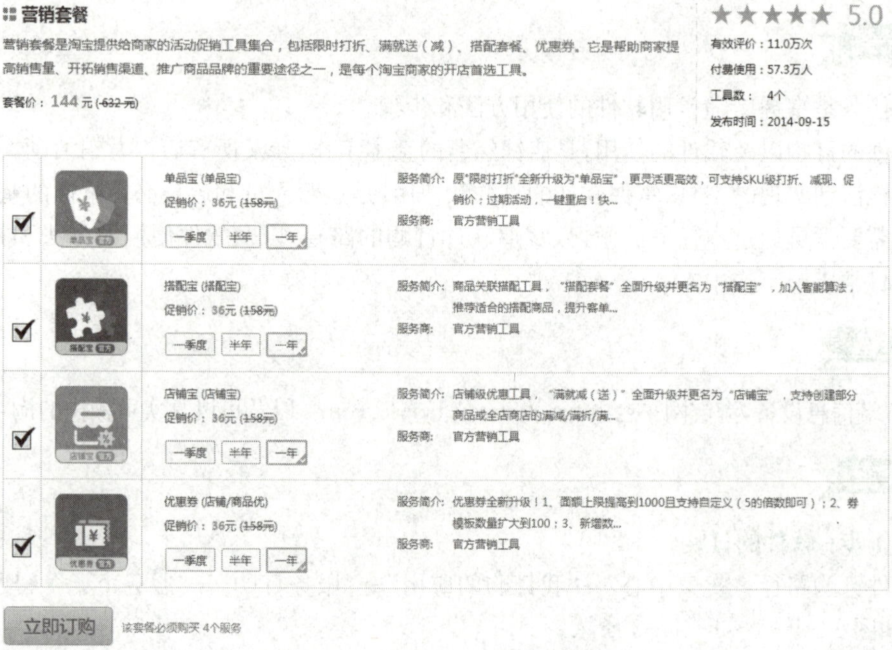

图 1-1-3 搜索应用软件页面

① 打折、宝贝价格划线需要的软件：单品宝。
② 店铺发放优惠券需要的软件：优惠券。
③ 店铺满减需要的软件：店铺宝。
④ 搭配套餐需要的软件：搭配宝。

第 2 步：使用单品宝打折

单品宝的作用是宝贝打折，宝贝价格前台有划线效果，如图 1-1-4 所示。单品宝使用路径："卖家中心"→"营销工作平台"→"单品宝"→"创建新活动"，如图 1-1-5、1-1-6 所示。

图 1-1-4　价格划线效果

图 1-1-5　单品宝使用路径

（1）活动名称　没有官方活动则选择日常活动，由商家选择活动名称。

（2）活动描述　用于活动管理的描述，仅商家自己可见，消费者看不到。

（3）开始时间和结束时间　选择开始时间和结束时间。

（4）优惠级别　分为商品级、SKU 级。SKU 为每个商品的销售属性，比如女装的颜色、尺码等信息，红色 M 码是一个 SKU，红色 L 码又是一个 SKU。商品级优惠是指整个商品优惠，包含所有的 SKU。SKU 级优惠是指单独设置每一个 SKU 的优惠。

（5）优惠方式

① 打折：打几折。比如，原价 100 元，打 9 折，打折后的活动价为 90 元。
② 减钱：就是减去多少钱。比如原价 100 元，设置减 10 元，减钱后活动价就是 90 元。

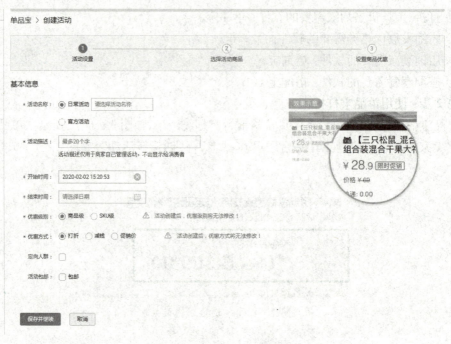

图 1-1-6　单品宝创建活动

③ 促销价：直接给促销价。比如原价 100 元，促销价 90 元，促销后活动价就是 90 元。

（6）定向人群　非必选项。可以选择优惠只让部分人看到。是否选择定向人群，应根据实际情况设置。

（7）是否包邮　非必选项，一般不选。因为是否包邮可从运费模板修改。

第 3 步：使用优惠券软件

优惠券软件的作用是实现优惠券的设置和发放。优惠券软件的路径："卖家"→"营销工作台"→"优惠券"→创建新的优惠券，如图 1-1-7 所示。

图 1-1-7　创建新的优惠券页面

(1) 优惠券种类

① 店铺优惠券：整个店铺的商品都可以使用。店铺券是大部分店铺常用的优惠券。

② 商品优惠券：指定商品才可以使用。特殊单品使用商品券，比如满 29 元减 5 元。只有一个产品可以用商品券，一般用单品券，优惠力度比较大。

③ 裂变优惠券：是一种带有社交属性的优惠券，即需要先分享优惠券，才可以领取此优惠券。

(2) 新建店铺优惠券　如图 1-1-8 所示，包括选择推广渠道、填写基本信息等内容。

图 1-1-8　创建店铺优惠券

(3) 推广渠道　包括全网自动推广、官方渠道推广和自有渠道推广 3 种。

① 全网自动推广：允许全网传播的优惠券。

② 官方渠道推广：淘宝官方渠道专有券。只在某一个渠道传播，其他渠道看不到。

③ 自有渠道推广：在站外或者旺旺自有的传播渠道发券。

(4) 优惠券名称　不能随便写，要写自己能看懂的名称。

(5) 使用时间　不建议太长，一般 3～7 天。因为情况多变，而已经被领走的优惠券无法收回。

(6) 优惠金额　输入 1、2、3、4 和 5 的整数倍金额，面额不得超过 1 000 元。

务必规范填写优惠金额和使用门槛。须谨慎，一旦写错，损失非常大。例如，某品牌旗舰店把优惠券金额做错了，一天损失了 300 多万元。凡涉及价格的一定要谨慎。

第 4 步：使用店铺宝软件

店铺宝具有实现店铺满减的功能。店铺宝使用路径："卖家中心"→"营销中心"→"店铺营销工具"→"店铺宝"，如图 1-1-9 所示。

创建店铺宝新活动的步骤，如图 1-1-10～1-1-13 所示。

图1-1-9　店铺宝使用路径

图1-1-10　创建店铺宝新活动步骤1

图1-1-11　创建店铺宝新活动步骤2

图1-1-12　创建店铺宝新活动步骤3

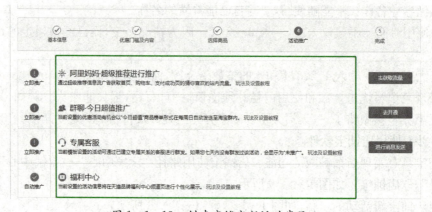

图1-1-13　创建店铺宝新活动步骤4

第5步：使用搭配宝软件

搭配宝功能是实现多个宝贝套餐设置。搭配宝设置路径："卖家中心"→"营销中心"→"店铺营销工具"→"搭配宝"，如图1-1-14所示。

创建搭配宝新活动步骤如图1-1-15～1-1-18所示。

图1-1-14 搭配宝设置路径

图1-1-15 创建搭配宝新活动步骤1

图1-1-16 创建搭配宝新活动步骤2

图1-1-17 创建搭配宝新活动步骤3

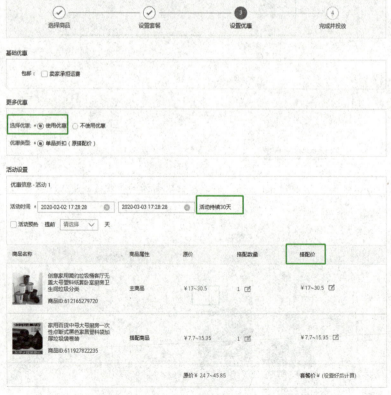

图1-1-18 创建搭配宝新活动步骤4

单元一　店铺后台基础操作

任务评价

根据表 1-1-1 的项目进行评价。

表 1-1-1　基础软件的订购与使用学习评价

评价项目	自我评价(25分)		小组互评(25)		教师评价(25)		企业评价(25)	
	分值	评分	分值	评分	分值	评分	分值	评分
软件订购合适度	5		5		5		5	
单品宝软件使用熟练程度	5		5		5		5	
优惠券软件使用熟练程度	5		5		5		5	
店铺宝软件使用熟练程度	5		5		5		5	
搭配宝软件使用熟练程度	5		5		5		5	

能力拓展

1. 分小组,设置一个满 200 元减 10 元的店铺券。
2. 分小组,给 3 个商品打 8 折。
3. 分小组,新建 3 个店铺优惠券、3 个商品优惠券、3 个裂变优惠券。
4. 分小组,新建 1 个店铺满 100 元减 20 元。
5. 分小组,新建 1 个搭配套餐。

▶ 任务 2　店铺开通花呗与信用卡

学习目标

1. 了解淘宝支付软件花呗的开通方法。
2. 掌握淘宝基础支付信用卡的开通方法。

学习任务

本任务了解淘宝网支付软件花呗的开通方法,能够掌握淘宝基础支付信用卡的开通方法。

任务分析

电子商务的每笔交易必然需要用到支付方式,比如花呗或者信用卡,才能保证交易的顺利完成。本次的任务就是了解淘宝网支付软件花呗的开通方法,并掌握淘宝网基础支付信用卡的开通方法。

任务准备

PC 端信息设备,淘宝网平台 https://www.taobao.com/,以及可以真实操作的淘宝店铺。

任务实施

第 1 步:查看花呗官方介绍,了解花呗

进入淘宝服务市场,搜索"花呗",进入花呗开通页面,查看花呗介绍。重点了解花呗的费率与带给商家的价值,如图 1-2-1、1-2-2 所示。

图 1-2-1 花呗服务订购界面

图 1-2-2 花呗开通界面

第 2 步:开通花呗

花呗需要商家自行开通花呗,步骤如图 1-2-3、1-2-4 所示。

满足条件即可点击立即购买、0 元购买。花呗软件订购为免费,但是使用需收费。例如,某淘宝店支持花呗付款,消费者支付 1 000 元,商家需要支付 1‰ 的手续费给淘宝,即 10 元。使用花呗的人越来越多,如双十一当天,花呗付款订单在 40% 左右,日常花呗付款的订单在 25% 左右。花呗也会影响转化率,因为没有花呗付款,消费者可能不在该店消费。

第 3 步:进入信用卡界面

进入淘宝"服务市场",搜索"信用卡",进入信用卡开通页面,如图 1-2-5 所示,查看信用卡介绍。重点了解信用卡的费率与带给商家的价值。

单元一 店铺后台基础操作

图1-2-3 花呗开通步骤1　　　图1-2-4 花呗开通步骤2

图1-2-5 信用卡订购页面进入路径　　　图1-2-6 信用卡订购界面1

第4步：开通信用卡

开通信用卡的步骤如图1-2-6、1-2-7所示。

图1-2-7 信用卡订购界面2

电子商务 运营实战技能

信用卡支付开通的方法和花呗的一样。

任务评价

根据表1-2-1的项目进行评价。

表1-2-1 店铺开通花呗与信用卡的学习评价

评价项目	自我评价(25分)		小组互评(25)		教师评价(25)		企业评价(25)	
	分值	评分	分值	评分	分值	评分	分值	评分
花呗的了解程度	5		5		5		5	
开通花呗的熟练程度	5		5		5		5	
开通信用卡的熟练程度	5		5		5		5	
信用卡的了解程度	5		5		5		5	
花呗与信用卡的区别	5		5		5		5	

能力拓展

为淘宝网某商家开通花呗和信用卡。

任务3 交易管理

学习目标

1. 掌握订单信息的查看及解读方法。
2. 掌握并理解评价体系的重要性,以及管理店铺评价的方法。

学习任务

了解订单搜索的过程,熟悉订单编号的查询,掌握订单信息的查看及解读功能,并能理解评价体系的重要性,以及如何管理店铺评价。

任务分析

商家需要查看订单信息,给买家发货,处理售后,做经营分析。消费者完成交易后,给店铺做出各方面的消费体验评价。评价是重要的信用体系,对店铺的信誉影响极大,并最终会影响店铺的订单成交额及回购率。新手卖家如何管理交易,才能不影响本店的信用,提升店铺的动态评分和好评率?必须了解订单搜索过程,熟悉订单编号的查询,掌握订单信息的查看及解读功能,并能理解评价体系的重要性,以及管理店铺评价。

任务准备

移动端信息设备,PC 端信息设备,淘宝网 https://www.taobao.com/,以及可以真实操作的淘宝店铺。

任务实施

第1步:打开交易订单

打开交易订单的路径:"卖家中心"→"交易管理"→"已卖出的宝贝",如图1-3-1所示。

图 1-3-1 打开交易订单

第2步:分析订单信息内容

(1)交易订单主要信息　包括宝贝名称、单价、数量、售后、买家旺旺、交易状态、实收款、评价,如图1-3-2所示。

图 1-3-2 订单信息

(2)订单编号　是订单的"身份证",具有唯一性。注意区分订单编号和快递单号。订单编号是淘宝编制的,快递单号是快递公司编制的。如果发生交易纠纷,要求商家提供的是订单号,不是快递单号。

(3) 宝贝的创建时间　要精确到分钟。

(4) 销售规格信息　发货时需要看宝贝主图、宝贝颜色、宝贝尺寸等信息,避免发错货。

(5) 发货时间　宝贝承诺的发货时限,商家必须在这个时间内完成发货。

(6) 数量　消费者购买数量,如果有 2 件或者多件,注意不要漏发。

(7) 买家账号　买家的旺旺账号。

(8) 消费者留言　这里需要重点强调,某些订单买家账号下面有消费者留言,留言是需要商家关注的。因为用户留言是极为重要的信息。比如,在双 11 当天,有很多消费者留言,1 个月后发货,甚至两个月后发货。

(9) 交易状态　订单状态如图 1-3-3 所示。

图 1-3-3　订单状态页面

① 等待买家付款:消费者已经提交订单,但是没有发货。

② 买家已付款:买家提交订单,并且已经付款。

③ 待发货:买家提交订单,并且已经付款,商家尚未发货。

④ 已发货:买家提交订单,并且已经付款,商家已经发货。

⑤ 交易成功:买家已确认收货。

⑥ 交易关闭:最终没有成交。

⑦ 退款中的订单:消费者已经申请退款,但是退款还没有处理完结。

(10) 实收款　实际收到的款项,涉及优惠。

(11) 手机订单　有这个标识,表示订单是从手机上下单的。如果没有这个标识,表示订单是从电脑下单。

(12) 花呗和信用卡　如果在金额下面出现花呗的标识,说明订单用花呗付款;如果出现信用卡标识,表示信用卡付款。这两种都有手续费。

(13) 标识　仅商家可见,消费者不可见。

第3步：评价信息管理

评价信息管理路径:"卖家中心"→"交易管理"→"评价管理",如图1-3-4所示。

图1-3-4　评价信息管理

第4步：评价管理信息查看

1. 卖家信用等级

如图1-3-5所示,店铺信用分为113分,信用等级4颗星。淘宝官方信用等级见表1-3-1。随着信用分的提升,信用等级也会提升。一共4个大的等级,分别是星级、钻级、皇冠级、金冠级。每个大的等级里面又包含5个小的等级。

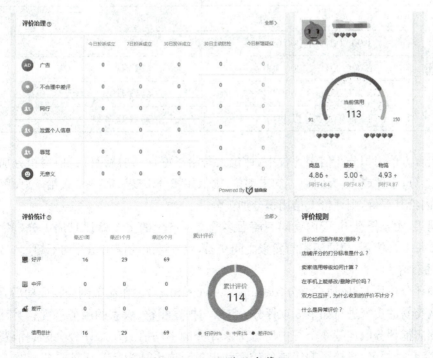

图1-3-5　评价信息管理

表 1-3-1 卖家信用等级

等级	评分	小等级
星级	4~10 分	❤
	11~40 分	❤❤
	41~90 分	❤❤❤
	91~150 分	❤❤❤❤
	151~250 分	❤❤❤❤❤
钻级	251~500 分	♦
	501~1 000 分	♦♦
	1 001~2 000 分	♦♦♦
	2 001~5 000 分	♦♦♦♦
	5 001~10 000 分	♦♦♦♦♦
皇冠级	10 001~20 000 分	♛
	20 001~50 000 分	♛♛
	50 001~100 000 分	♛♛♛
	100 001~200 000 分	♛♛♛♛
	200 001~500 000 分	♛♛♛♛♛
金冠级	500 001~1 000 000 分	♚
	1 000 001~2 000 000 分	♚♚
	2 000 001~5 000 000 分	♚♚♚
	5 000 001~10 000 000 分	♚♚♚♚
	10 000 001 分以上	♚♚♚♚♚

淘宝官方信用积分在信用评价中,评价人若给予好评,则被评价人信用积分加 1 分;差评,则减 1 分;中评或 15 天内双方均未评价,则信用积分不变。若评价人给予好评而对方未在 15 天内给其评价,则评价人信用积分加 1 分。

相同买、卖家任意 14 天内就同一商品多笔交易产生的多个好评只加 1 分,多个差评只减 1 分。每个自然月,相同买家与卖家之间交易,双方增加的信用积分均不超过 6 分。

2. 店铺评分

店铺评分也称 DSR 动态评分(detailed seller ratings)。在淘宝网交易成功后,买家可以给予本次交易的卖家进行如下 3 项评分:宝贝与描述相符、卖家的服务态度、物流服务的质量。每项店铺评分取连续 6 个月内所有买家评分的平均值。动态评分会影响消费者下单、搜索排名、活动报名,直接影响店铺的访客和出单。这也是为什么店铺希望获得 5 分好评,甚至做好评返现活动。

淘宝官方店铺评分逻辑：每项店铺评分均为动态指标，系此前连续 6 个月内所有评分的平均值。每个自然月，相同买家与卖家之间交易，卖家店铺评分仅计取前 3 次。店铺评分一旦作出，无法修改。

例如，共有 20 个买家参与评分，每个买家只参与一次。19 人给 5 分，1 人给 1 分，总分为 19×5＋1×1＝96(分)，除以总给分次数 20，得平均分 4.8 分。

3. 好评率

好评率的计算方法：

卖家好评率＝所有计分的卖家收到的好评数/所有计分的卖家收到的评价总数

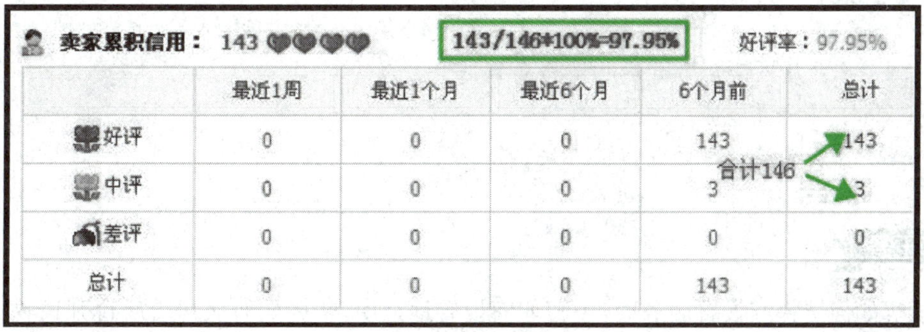

卖家累积信用：143　143/146*100%=97.95%　好评率：97.95%

	最近1周	最近1个月	最近6个月	6个月前	总计
好评	0	0	0	143	143
中评	0	0	0	3	3
差评	0	0	0	0	0
总计	0	0	0	143	143

图 1-3-6　好评率计算举例

数据经系统四舍五入后显示。中评会累计到计分的评价总数中，影响好评率。例如，在图 1-3-6 中，卖家累积好评数为 143 个，中差评总数共计 146 个，按好评率计算公式则为：143/146×100%＝97.95%，该会员的卖家好评率为 97.95%。

任务评价

根据表 1-3-2 的项目进行评价。

表 1-3-2　交易管理学习评价

评价项目	自我评价(25 分)		小组互评(25)		教师评价(25)		企业评价(25)	
	分值	评分	分值	评分	分值	评分	分值	评分
订单信息查看	5		5		5		5	
交易状态了解度	5		5		5		5	
店铺信用等级	5		5		5		5	
店铺动态评分	5		5		5		5	
店铺好评率	5		5		5		5	

电子商务 运营实战技能

能力拓展

1. 分小组,查看订单信息。
2. 分小组讨论如何提升店铺动态评分。
3. 分小组讨论如何提升店铺的好评率。

▶ 任务 4　物 流 管 理

学习目标

1. 掌握从网店后台开通物流服务商方法。
2. 了解设置地址库方法。
3. 重点掌握新建运费模板方法。

学习任务

了解如何选择与设置服务商,了解如何设置地址库,掌握如何从网店后台开通物流服务商,重点掌握如何新建运费模板。

任务分析

物流是电商的标配,每一个网店都会涉及物流管理。不同的发货地域,不同的收货地址,越来越智能的物流体系,越来越多的物流服务,需要网店的运营者系统地了解物流管理。本次任务学习如何选择与设置服务商,了解如何设置地址库,掌握如何从网店后台开通物流服务商,重点掌握如何新建运费模板。

任务准备

移动端信息设备,PC端信息设备,淘宝网平台 https://www.taobao.com/,以及可以操作的真实淘宝店铺。

任务实施

第1步:设置服务商

服务商设置是指选择与设置物流服务商,确定发货退货时所需要用到的物流公司。比较不同物流公司的优缺点,选择好的物流服务商,有利于淘宝店的发展。应根据线下所在地的实际情况进行选择,开通路径如图1-4-1所示。

第2步:设置运费模板

运费模板设置路径如图1-4-2、1-4-3所示。新建运费模板步骤如图1-4-4、1-4-5所示。

图1-4-1 服务商开通路径

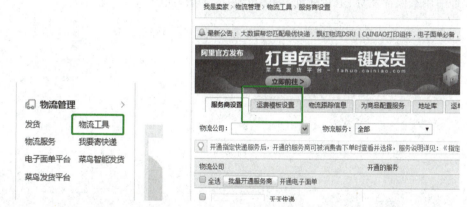

图1-4-2 运费模板设置路径1　　　　图1-4-3 运费模板设置路径2

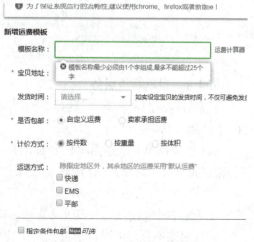

图1-4-4 新建运费模板步骤1　　　　图1-4-5 新建运费模板步骤2

(1) 模板名称　设置一个方便管理的名称。

(2) 宝贝地址　如实选择地址。

(3) 发货时间　一般情况下,发货时间的设置不要太长。发货时间太长,不利于转化;发货时间太短,有可能发不出去,发不出去属于违约行为。

(4) 是否包邮　自定义运费就是不包邮。卖家承担运费就是大陆地区包邮,不包含港澳台以及海外。

(5) 计价方式　按件数计价。

(6) 运送方式　分为快递、EMS、平邮,一般选快递。EMS为邮政特快专递服务,费用比较高,相对于民营快递稍微慢1~2天;平邮为邮政服务,比较便宜,但是速度很慢。在电商平台用平邮和EMS都很少。

(7) 默认运费　未指定地区,按照默认运费。

第3步：设置地址库

地址库用来保存发货、退货地址,最多可添加20条,如图1-4-6所示。

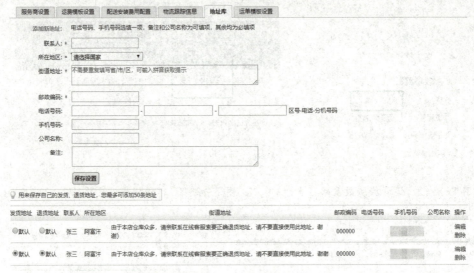

图1-4-6　地址库设置

第4步：设置物流服务

商家可以按照商品需要,选择订购物流服务,包括电子面单、橙诺达、货到付款、指定快递、生鲜配送,如图1-4-7所示。

(1) 电子面单　快递面单已经标准化,该项服务必开。电子面单是指使用不干胶热敏纸,按照物流公司的规定,打印客户收派件信息的面单,也称为热敏纸快递标签、经济型面单、二维码面单等。电子面单在国外已经成功运用多年,如联邦快递(FedEx)和国际快递(Ups)。而在国内,京东、当当等从自建初期就使用了电子面单。

菜鸟物流平台是中国目前最大的电商物流平台,由阿里巴巴牵头组建。菜鸟电子面单统一格式如图1-4-8所示。

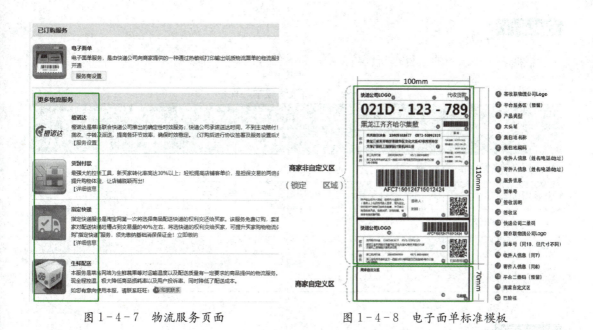

图1-4-7 物流服务页面　　　　　图1-4-8 电子面单标准模板

（2）橙诺达　橙诺达是菜鸟联合快递公司推出的确定性时效服务。快递公司承诺送达时间，过时不到主动赔付。合作快递公司通过和菜鸟的数据交互，监控橙诺达订单的揽收、中转及派送，提高各环节效率，确保时效稳定。

橙诺达订购时不产生费用，订购并配置后，按订单收费。查看合作快递橙诺达线路、资费及赔付标准，如图1-4-9所示。

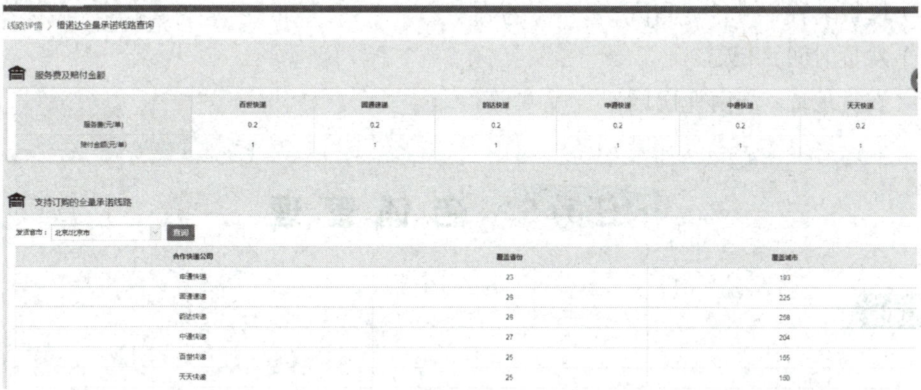

图1-4-9 橙诺达订购页面

（3）货到付款　京东平台用的比较多，淘宝平台很少，可以忽略。
（4）指定快递　如果允许消费者指定快递，会给商家增加较大的工作量，提升成本，因此该项服务很少开通。
（5）生鲜配送　做生鲜类目的可以考虑，运输成本很高。

电子商务 运营实战技能

任务评价

根据表1-4-1的项目进行评价。

表1-4-1 物流管理学习评价

评价项目	自我评价(25分)		小组互评(25)		教师评价(25)		企业评价(25)	
	分值	评分	分值	评分	分值	评分	分值	评分
物流服务商的选择	5		5		5		5	
地址库的设置	5		5		5		5	
运费模板的设置	5		5		5		5	
电子面单介绍	5		5		5		5	
物流服务的开通	5		5		5		5	

能力拓展

设置一个运费模板,具体要求如下。

(1) 偏远地区:新疆、西藏、宁夏、青海、内蒙古、海南:运费35元;黑龙江、吉林、辽宁、贵州、云南:运费20元。

(2) 港澳台海外:运费999元。

(3) 其他地区:运费10元。

(4) 模板名称:姓名+测试。

(5) 发货时间:2天。

(6) 发货地址:济南槐荫区。

任务5 店铺管理

学习目标

1. 掌握店铺基础设置与子账号的建设。
2. 了解店铺装修后台操作。
3. 掌握店铺宝贝分类管理。

学习任务

了解店铺的管理设置方法,能够熟练进行店铺基础设置与子账号的建设,掌握店铺装修和宝贝分类管理等相关内容的设置。

任务分析

店铺的管理和设置与实体店的装修一样，能够使访客直观地了解店铺经营内容，提升访客的体验，提升店铺的出单量。本任务就是了解如何进行店铺的管理设置，怎么进行店铺基础设置与子账号的建设，同时掌握店铺装修和宝贝分类管理等相关内容的设置。

任务准备

移动端信息设备，PC端信息设备，淘宝网平台 https://www.taobao.com/，以及可以真实操作的淘宝店铺。

任务实施

第1步：进入"店铺管理"

店铺的基本信息是店铺对外展示的主要内容，包括店铺名称、标识、经营内容介绍等。精心设置基本信息，树立店铺的品牌形象。

进入淘宝网首页，点击网页左上侧"亲，请登录"按钮，如图1-5-1所示。输入淘宝店铺的账号和密码，点击【登录】按钮。进入到店铺管理后台"千牛"，如图1-5-2所示。鼠标指向网页左侧"店铺管理"，选择右侧"店铺基本设置"。在相应功能名称右侧点亮图钉按钮，可将相应功能放置到一级目录下侧直接显示，如图1-5-3所示。

图1-5-1 淘宝网首页

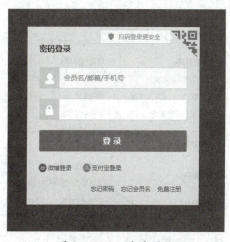

图1-5-2 登录页面

图1-5-3 千牛卖家工作台

第2步：设置店铺基本信息

在店铺的基本信息设置页面设置"店铺名称""店铺标志""店铺介绍""经营地址""主要货源""工商注册信息""公司介绍"等内容，如图1-5-4～1-5-6所示。

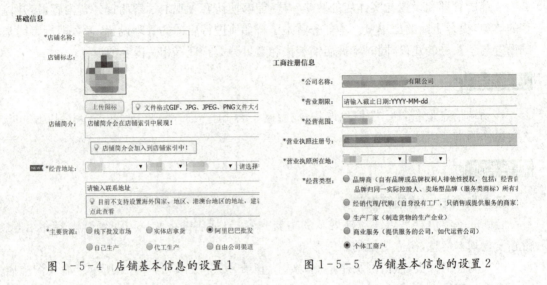

图1-5-4　店铺基本信息的设置1　　　　图1-5-5　店铺基本信息的设置2

图1-5-6　店铺基本信息的设置3

全部设置完毕之后勾选"我声明……"前的复选框，点击【保存】完成设置。如需修改内容，在修改完毕后点击"保存"。

第3步：设置店铺子账号

随着店铺访客不断增加，不断添加各类活动及商品，需要各类优化。单一的账号已经无法满足多人运营店铺的需求，需要添加、设置子账号。

鼠标指向左侧"店铺管理"，点击"子账号个人信息管理"按钮，进入子账号管理界面，如图1-5-7所示。

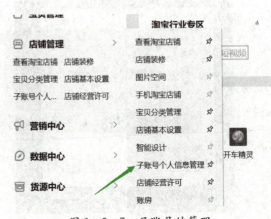

图1-5-7　子账号的管理

在子账号管理界面,点击"新建员工"进入新建员工界面,如图1-5-8所示。点击"选择岗位"的下拉按钮,选择需要新建的岗位。岗位不同,权限也不同,权限在子账号建完之后也可以重新选择,如图1-5-9所示。

账号名称:店铺主账号+冒号(英文模式)+自定义名称的方式设置。设置子账号密码、使用者密码、部门及使用者手机号,点击【确认新建】即可,如图1-5-10所示。

图1-5-8　新建员工

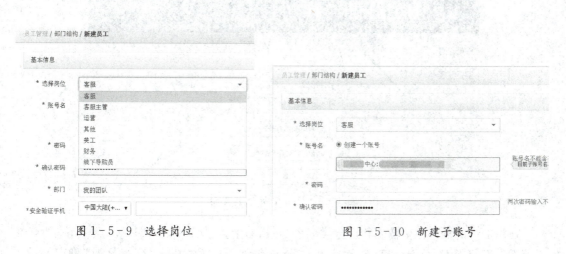

图1-5-9　选择岗位　　　　图1-5-10　新建子账号

第4步:修改子账号

在子账号主界面点击"使用中"上面的数字,进入子账号查看界面,可以查看已有子账号,可进行权限修改、停用、解除绑定等设置,如图1-5-11所示。

第5步:设置店铺宝贝分类

访客根据所要购买产品的关键词或分类进入到搜索结果页面,在页面中选择所需要的产品以了解详情。所以，设置宝贝分类可以提升访客的精准度，同时能够有效地管理店铺所销售的商品，提升效率，增加店铺利润。

1. 进入宝贝分类管理

进入千牛后台，鼠标指向左侧"店铺管理"，点击"宝贝分类管理"按钮，进入宝贝分类管理界面，如图1-5-12所示。

图1-5-11 查看子账号　　　　　　图1-5-12 宝贝分类管理页面

2. 添加分类

进入宝贝分类界面，点击"添加手工分类"按钮，如图1-5-13所示。

图1-5-13 宝贝分类页面

在添加后的输入栏中输入相应分类名称，点击右上角"保存修改"即可。点击下方"添加子分类"，即可添加子分类目录，输入相应分类名称，点击右上角"保存修改"即可，如图1-5-14所示。

注意：谨慎使用"添加自动分类"功能。由于目前淘宝系统智能程度并未十分完善，如果使用自动分类有可能会出现分类混乱。谨慎使用"添加图片"功能。在分类中添加图片可以显示到店铺分类栏中，由于图片较大，在显示的美观性上无法很好掌握。

图 1-5-14 添加子分类页面

3. 管理分类

（1）分类移动功能　访问页面时一般选择由上到下、由左到右的观看顺序。可根据产品销售的需要，将分类上移或下移，以便提升所需促销或推广产品的销售。修改完毕后点击右上角"保存修改"即可，如图 1-5-15 所示。

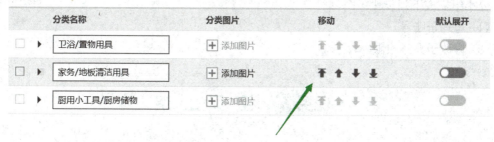

图 1-5-15　分类移动页面

（2）分类展开功能　需要展示部分促销及推荐商品的子分类时，可选择展开功能，在店铺首页展示更多的子分类目录。点击"默认展开"下方相应分类的按钮，至蓝色后即为开启"默认展开"功能，点击右上角"保存修改"。

4. 删除分类

使用删除功能来删除分类，点击"删除"按钮，点击右上角"保存修改"。如果有子分类，需要先删除子分类之后才能够删除相应分类，如图 1-5-16 所示。

图 1-5-16　删除分类页面

> 任务评价

根据表 1-5-1 的项目进行评价。

表 1-5-1 店铺管理学习评价

评价项目	自我评价(25 分)		小组互评(25)		教师评价(25)		企业评价(25)	
	分值	评分	分值	评分	分值	评分	分值	评分
店铺基本信息设置	5		5		5		5	
店铺子账号设置	5		5		5		5	
店铺 PC 端装修	5		5		5		5	
店铺无线端装修	5		5		5		5	
店铺宝贝分类设置	5		5		5		5	

能力拓展

分小组完成下列步骤：
（1）添加子账号。
（2）修改子账号权限。

任务6 宝贝上架

学习目标

掌握发布宝贝的操作流程。

学习任务

了解淘宝网的搜索规则及机制；规范正确地设置并上传产品信息，把产品的优势最大限度地体现出来，获得消费者的青睐。

任务分析

首先要能把宝贝发布到线上店铺，消费者才可以找到店铺，从店铺下单。所以，发布宝贝是店铺最基本的工作，准确地发布宝贝也是最重要的工作之一。那么，作为淘宝网店的新手卖家，如何发布宝贝，并把产品的优势最大限度地体现出来，让消费者迅速准确搜索到宝贝，获得其青睐呢？本次任务学习规范正确地设置并上传产品信息，如商品的标题、发布类目、属性、图片、视频、详细描述等，这些对于买家快速做出购买决策非常重要。

任务准备

移动端信息设备，PC 端信息设备，淘宝网平台 https://www.taobao.com/，以及可以真实操作的淘宝店铺。

任务实施

第1步：店侦探安装

不同的浏览器略有差异，360极速浏览器的店侦探安装步骤如图1-6-1～1-6-4所示。

图1-6-1 店侦探安装步骤1

图1-6-2 店侦探安装步骤2

图1-6-3 店侦探安装步骤3

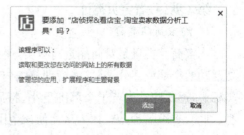

图1-6-4 店侦探安装步骤4

安装成功之后,在淘宝搜索框搜索某个关键词,如"儿童连衣裙",店侦探插件就可以查到类目,如图1-6-5所示。

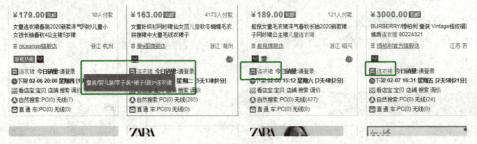

图1-6-5　淘宝搜索页面

第2步:打开发布宝贝界面

打开路径:卖家中心→宝贝管理→发布宝贝,如图1-6-6、1-6-7所示。

图1-6-6　发布宝贝步骤1　　　　　　　图1-6-7　发布宝贝步骤2

第3步:设置宝贝类目

1. 淘宝商品类目

淘宝商品类目是对商品进行分类,是指根据一定的管理目的,为满足商品生产、流通、消费活动的全部或部分需要,将管理范围内的商品集合总体,以所选择商品的基本特征作为分类标志,逐次归纳为若干个范围更小、特质更趋一致的子集合体(类目),例如大类、中类、小类、细类,直至品种、细目等,从而使该范围内所有商品得以明确区分与体系化。

类目是搜索排名的基础。如果类目不对,搜索系统是很难搜索到某产品。例如,当消费者搜索"连衣裙"的时候,淘宝的搜索系统不是把所有宝贝(超过20亿在线商品量)都过滤一遍,而是直接进入连衣裙类目,不搜索其他类目。所以,如果类目选择错误,会造成搜索系统基本上搜不到该产品。

2. 选择商品类目

步骤1：确定宝贝的主关键词。主关键词要能准确描述宝贝，并且有比较大的搜索量，如儿童连衣裙。

步骤2：在类目搜索框搜索主关键词，然后根据经验和常识，从系统推荐的类目选择最合适的类目，如图1-6-8、1-6-9所示。

图1-6-8　宝贝类目搜索1　　　图1-6-9　宝贝类目搜索2

步骤3：验证　如果不确定所选类目，则需用店侦探查看同行的产品，尤其是做得好的店铺。如果设置的类目与查看同行的相同，说名类目正确。

第4步：选择宝贝类型

宝贝类型分为全新和二手两种，一般都是选择全新，如图1-6-10所示。另外，淘宝有专门的二手平台闲鱼。

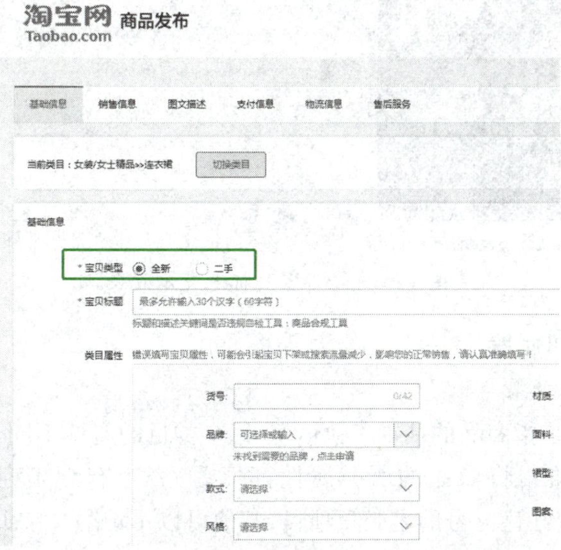

图1-6-10　选择宝贝类型

第5步：设置宝贝标题

标题最多可以写30个汉字、60个字符，一个汉字占2个字符，一个英文字母、数字、标点符号占用一个字符。设置界面如图1－6－11所示，买家看到的宝贝标题展示效果如图1－6－12所示。

图1－6－11　宝贝标题设置界面

图1－6－12　宝贝标题展示效果

第6步：设置宝贝属性

1. 宝贝属性展示效果

淘宝的宝贝属性是指商品的基本参数信息，每个类目的属性不同，因此填写的选项也不同，以编辑页显示为准。将商品的所有属性都填写完整，有利于商品被买家搜索到，如图1－6－13所示。带红色＊号的是必填项目，其他可以不填写。宝贝属性前台展示效果如图1－6－14所示。

图 1-6-13 宝贝属性页面

图 1-6-14 宝贝属性前台

2. 宝贝属性填写原则

属性跟类目一样,都是宝贝的基础信息,如果填写错误则影响非常大。填写属性的原则是"准确、齐全"。

(1)准确 消费者可轻易买到需要的商品,同时减少交易纠纷,每一个属性都是一个标签。淘宝会根据属性标签推荐流量。如果属性填写错误,淘宝就会推荐错误的流量。属性填写错误商家会被淘宝扣分。

(2)齐全 消费者可以获取更多的宝贝信息。宝贝获取更多的标签,淘宝可根据标签匹配流量,标签多则流量多。

第7步:设置宝贝的定制与采购地

如果宝贝支持定制,可以选择定制,反之则不选。如果产地在国内,则选国内,反之,则选海外,如图 1-6-15 所示。

图 1-6-15 设置宝贝的定制与采购地页面

第 8 步：设置宝贝销售规格

宝贝的销售规格指的是颜色、尺寸、重量等这些消费者可选的购买规格，后台填写如图 1-6-16 所示。

（1）颜色　系统提示"选择或者输入主色"，可以选择系统内的标准色，也可以自定义。

（2）尺码　不管颜色还是尺码，不同类目都有区别。例如，儿童连衣裙，尺码为"参考身高"。

（3）价格　即原始价格，因为还有打折，所以这里填写的价格一般不是最终销售价。比如，这里可以填写"200"，实际销售的时候，单品宝打 5 折，实际销售价格就是"100"。

（4）关于数量　根据实际情况填写产品数量。买家看到的商品销售规格的前台展示如图 1-6-17 所示。

图 1-6-16　后台填写宝贝规格

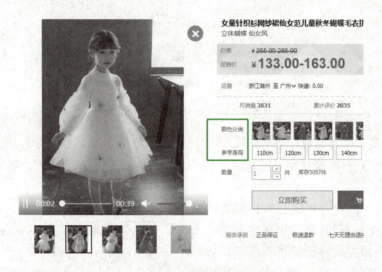

图 1-6-17　商品销售规格前台展示

第 9 步：设置宝贝主图

宝贝主图就是网店商品的主图，可以吸引买家的注意和查看。淘宝主图，一般是产品第一张图，在搜索页面直接展示出来。除了展示在搜索结果里的第一张主图，还有 4 张图，如图 1-6-18 所示。宝贝主图大小不能超过 3 MB，700×700（像素）以下图片上传后，宝贝详情页可自动提供放大镜功能。一般都取 800×800（像素）。上传符合规范的宝贝白底图，才可以出现在首页上。

主图决定了买家的第一印象，直接影响点击率、转化率。淘宝即使给了很好的排名，如

图1-6-18 搜索结果中的主图

果图太差,也会造成点击率低,流量低。第一张主图就非常重要,必须吸引人点击。

如果想做爆款,首先要做爆款主图,也就是高点击率的第一张图。买家不一定看详情,主图就决定了转化率。

发布宝贝主图的方法如图1-6-19所示。

图1-6-19 发布宝贝主图的方法

第10步:设置宝贝主图视频

上传完主图之后,上传主图视频,界面如图1-6-20所示。

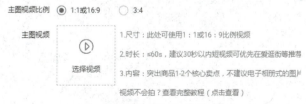

图1-6-20 上传主图视频

最新官方数据表明,有主图视频的商品其成交转化提升显著,故建议尽快发布主图视频。例如某宝贝1 000访客,可以卖100单;放上一个精心制作的视频之后,同样是1 000的访客,可以卖130单,转化率可提升30%。原电脑端主图视频的发布已实现手机同步,无需分开发布,时长控制60 s以内,建议9～30 s,可优先在"猜你喜欢""有好货"等公共频道抓取,获取新流量。图像尺寸建议采用1∶1,16∶9,3∶4,利于消费者前台浏览体验。内容要突出商品一两个核心卖点,不建议电子相册或PPT图片翻页视频。

第11步:设置宝贝长图

不是所有类目的宝贝都有宝贝长图选项,如图1-6-21所示。服装类目常见的有该选项。因为服装类宝贝图中经常出现模特,长图能更好地展示模特上身服装效果。长图的官方建议尺寸为800×1 200(像素)。

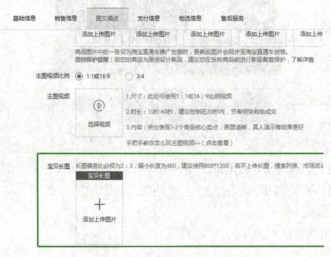

图1-6-21 宝贝长图页面

第12步:设置宝贝电脑端详情页

使用文本编辑框编辑详情页,可以直接输入文字,调整文字的大小和颜色,如图1-6-22所示。

图1-6-22 文字编辑

详情页中可以插入图片,电脑端详情图片的宽度要求为750px,高度无要求。上传图片的入口如图1-6-23所示,效果如图1-6-24所示。

图1-6-23 上传图片页面1

图1-6-24 上传图片页面2

第13步：设置宝贝无线端详情页

无线端详情图片宽度要求尺寸为480×620（像素）。添加无线端详情有导入电脑端详情和自主编辑两种方法。

（1）导入电脑端详情　导入电脑端详情的方法如图1-6-25所示。

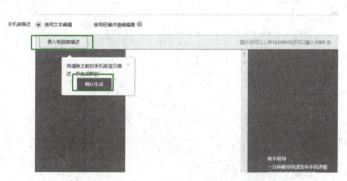

图1-6-25 导入电脑端详情1

（2）自主编辑　自主编辑详情的步骤如图1-6-26、1-6-27所示。可以添文字和图片，一般不用摘要。图片的尺寸宽度要求480～620（像素），高度无限制。添加方法类似于电脑端。

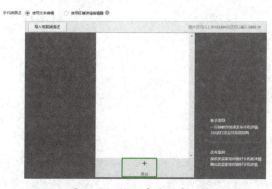

图1-6-26 自主编辑1

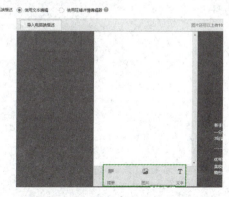

图1-6-27 自主编辑2

第 14 步：设置宝贝其他要点

宝贝其他要点的设置如图 1-6-28 所示。

图 1-6-28　宝贝其他要点的设置

（1）支付方式　平常销售选择"一口价"（普通交易模式）。

（2）库存计数　"买家拍下减库存""买家付款减库存"。为了防止超卖，可以选择拍下减库存。

（3）运费模板　根据前边任务设置。

（4）售后服务　根据实际情况选择。

（5）上架时间　立刻上架就是立即上架销售；定时上架就是定一个时间自动上架；放入仓库就是暂时不上架，而是先放入线上仓库。定时上架的步骤如图 1-6-29 所示。

图 1-6-29　定时上架的步骤

单元一 店铺后台基础操作

第15步：提交宝贝信息并完成发布

上述的各项完成以后，点击【提交宝贝信息】完成发布，如图1-6-30所示。

图1-6-30 提交宝贝信息

任务评价

根据表1-6-1的项目进行评价。

表1-6-1 宝贝上架学习评价

评价项目	自我评价(25分)		小组互评(25)		教师评价(25)		企业评价(25)	
	分值	评分	分值	评分	分值	评分	分值	评分
宝贝类目设置	5		5		5		5	
宝贝属性设置	5		5		5		5	
宝贝标题设置	5		5		5		5	
宝贝主图及视频设置	5		5		5		5	
宝贝其他要点设置	5		5		5		5	

能力拓展

根据本任务所学内容，在淘宝店铺发布10款宝贝。

单元二　流量推广

无论是在淘宝、京东、拼多多等国内平台,还是在速卖通、亚马逊等跨境平台,在实际营运操作中无法避开"选品"这一重要步骤。商家在决定进入到某个电商平台并开始运营实践的时候,并不是风风火火地随便上架宝贝,这样开始得快,结束也异常快。一般情况下,前期一定要做好相应的选品工作。

选品就是选择商品,但是这个选择操作并不是平时逛街那种形式的挑挑拣拣,而是在充分分析基础上进行选择。选品有助于获取流量。要获取流量,还需主动出击,打造新品的权重,操作直通车、钻石展位、淘宝客等。

任务1　蓝海选品

学习目标

1. 理解蓝海市场的概念。
2. 使用软件"名不虚传"给家居日用类目选择商品。

学习任务

本任务通过蓝海词查找蓝海商品,做好应季商品选择与同行商品选择。

任务分析

设想市场空间由两个海洋组成:红海和蓝海。红海代表当前业已存在的所有行业,是已知的市场空间。蓝海代表当前尚不存在的所有行业,即未知的市场空间。

在红海中,产业边界是明晰和确定的,竞争规则也是已知的。身处红海的企业试图表现得超过竞争对手,以猎取已知需求下的更大市场份额。当市场空间变得拥挤时,利润增长的前景随之黯淡。

与之相反,蓝海则意味着未开垦的市场空间、创造需求以及利润高速增长的机会。尽管有些蓝海是在现有的红海领域之外创造出来的,但绝大多数是通过扩展已经存在的产业边界而形成的。蓝海就意味着新的市场空间,没有竞争者或者竞争者很少、高利润、高速增长的机会。

在大数据的支持下,电商更容易发现蓝海。通过蓝海词去查找蓝海商品,关键词搜索量大,但是在线商品少。蓝海选词标准是,搜索人气或在线商品大于1,且转化率大于0。

▎任务准备▎

1. 淘宝平台上已经开通了"生意参谋""名不虚传"等软件工具的店铺或拥有选品功能的其他电商平台的店铺。

2. 店铺开通10~20个子账号,可供学生登录店铺操作。

▎任务实施▎

本任务是通过前面学习任务中的知识储备,使用软件"名不虚传"筛选蓝海词。

第1步:进入"名不虚传"

在"我订购的应用"中,点击进入"名不虚传",如图2-1-1所示。

图2-1-1 进入"名不虚传"

第2步:选择目类

选择"标题优化"→"搜索词库"→选择居家日用类目,如图2-1-2所示。

图2-1-2 居家日用类目

第 3 步：显示数据的列配置

显示数据列配置的操作步骤如图 2-1-3、2-1-4 所示。

![搜索词库结果]

图 2-1-3　搜索词库结果

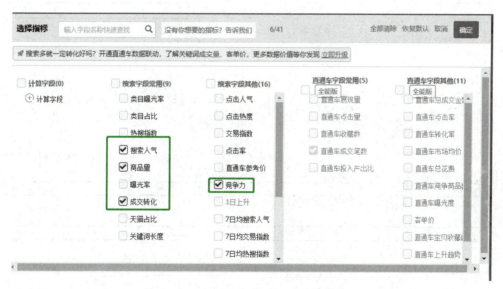

图 2-1-4　显示数据列配置的操作步骤

第 4 步：筛选配置

在列配置完成后，筛选配置数据，如图 2-1-5、2-1-6 所示。

第 5 步：人工筛选可用词

在筛选结果中，不是所有词都可以用，还包含了一些品牌词和违规词，需要运营人员逐词检查，选出可用的蓝海词。例如，"一次性拖鞋""黑科技空气伞"等是可用词，如图 2-1-7 所示。

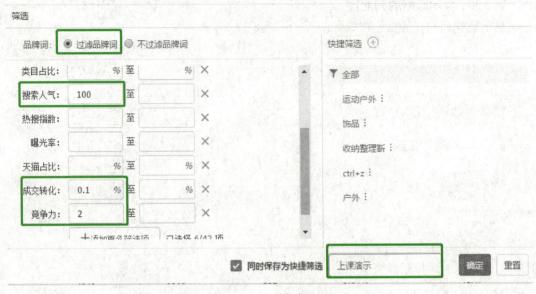

图 2-1-5　筛选配置

图 2-1-6　筛选后的数据显示

图 2-1-7　人工筛选可用词

第 6 步：以词选品

选择了蓝海词以后，再根据蓝海词进行以词选品。可从 1688 选品，还可以从线下档口或者工厂选品。例如在 1688 选品，选到和词匹配的产品如图 2-1-8 所示。

单元二 流量推广

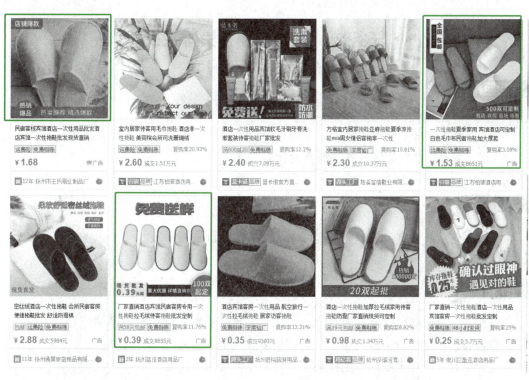

图 2-1-8 在 1688 以词选品

任务评价

表 2-1-1 蓝海选品学习评价

评价项目	自我评价(25 分)		小组互评(25)		教师评价(25)		企业评价(25)	
	分值	评分	分值	评分	分值	评分	分值	评分
选择指标	5		5		5		5	
筛选配置	5		5		5		5	
人工筛查	5		5		5		5	
上架商品	5		5		5		5	
任务完成度	5		5		5		5	

能力拓展

1. 查找 10 个蓝海词,采用每个词从淘宝同行店铺中选择 5 个产品。
2. 筛选 5 款应季商品。

任务 2　打造新品搜索排名权重

学习目标

1. 解读淘宝平台搜索排名的原理,即解读自然搜索模型。
2. 掌握提高新品搜索排名权重的技巧。

学习任务

利用提高新品搜索排名权重的技巧,提高连衣裙新品搜索排名权重,如图2-2-1所示。

任务分析

免费流量是店铺生存和盈利的基础。其中,最重要的流量是消费者通过搜索关键词进入店铺。店铺想要获得更多的搜索流量就要提升宝贝在关键词下的排名。该任务学习搜索的底层原理,掌握新品获得基础搜索权重的技巧。

淘宝搜索引擎优化是一种获取淘宝搜索流量的技术,通过优化店铺的宝贝标题、宝贝类目、产品的上下架时间、设置宝贝基础等内容来获得较好的排名,从而获得流量。搜索原理的具体模型如图2-2-2所示。

图2-2-1　V领碎花连衣裙

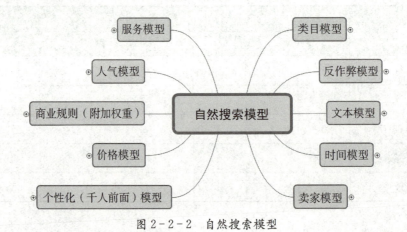

图2-2-2　自然搜索模型

1. 类目模型

类目模型是10大模型里最基础的模型。如果一款宝贝选错了类目,在搜索框中搜索不到该宝贝,那肯定就没有排名。淘宝的搜索系统不会把淘宝所有的产品看一遍,因为淘宝上有超过20亿的商品量,全部搜索会极大浪费服务器的算力。因此,在直接进入对应类目下查找宝贝。

(1) 聚焦热点类目　根据相关性系统,优先匹配最流行的产品。例如,因为苹果手机比较火爆,系统把"苹果"这个词划规到了手机类目。

(2) 第一展现类目　即系统优先展现的类目产品。有些产品既可以放在A类目下,也可以放在B类目下,就要看哪个类目更容易展现。具体方法是,搜索产品主词,看看在该词下哪个类目的宝贝出现更多。

2. 反作弊模型

屏蔽或者下调作弊商品一定值的权重。

(1) 虚假交易　包括炒作信用和炒作销量,通常说的"刷单"。刷单刷出来的销量是假的,评价是假的,会影响消费者的判断,也破坏了店铺间的公平竞争。所以,各大电商平台都在打击刷单行为。

(2) 偷换宝贝　《滥发规则规避信息》指出,偷换宝贝是指"通过编辑商品类目、品牌、型号等关键属性,使其成为另一款商品的商品要素变更"。简单说,之前卖的商品和现在卖的商品不是同一款商品。它包含但不限于以下几种类型:①将商品A修改成为完全不同品类的商品B;②将商品A修改成为完全不同品牌的商品B;③手机类目的商品,将商品A修改为完全不同型号的商品B,或将翻新机换成全新机。

(3) 重复铺货　是完全相同或商品的重要属性完全相同的商品,只允许发布一次。违反这一规则,即可判定为重复发布,将受到淘宝的相关处罚。必须在标题、描述、图片等方面体现商品的不同,否则将被判定为重复铺货。同一经营人员经营不同店铺,发布的宝贝相似度过高,也属于重复铺货(重复开店)。

(4) 广告商品　发布不以成交为目的的商品,包括但不限于:①将心情故事、店铺介绍、仅供欣赏、联系方式等非实际销售的商品或信息,作为独立的商品页面发布;②发布批发、代理、招商、回收、置换、求购类商品或信息;③发布本店铺以外的其他淘宝店铺、商品等信息。例如,发布一款OPPO手机,标价1块钱。而详情里描述"该链接为非购买链接,想买手机请加店主微信XXX"。

(5) 错放类目和属性　在商品发布的环节中,填写了和淘宝类目定位或规定不一致的类目信息。例如,有人想卖保健品,由于不具备销售保健品的资质,就把产品发布在其他相近但不需要资质的类目中。

(6) 标题滥用关键词　卖家为使发布的商品引人注目,或更多被搜索到,而在商品名称中滥用品牌名称或和本商品无关的字眼,使消费者无法准确地找到需要的商品。有这种行为的商品会被淘宝搜索判定为滥用关键词商品并立即降权。例如,标题里堆砌多个与商品无关的品牌,如图2-2-3所示;标题里滥用与介绍本商品无关的字眼,如图2-2-4所示;商品标题中出现对多个不同商品的描述,如图2-2-5所示。

(7) SKU低价引流　刻意规避淘宝商品SKU设置规则,滥用SKU设置,低价引流。例如,OPPO手机售价2 999元。增加一个选项,如一根数据线,售价9.9元,共10 000条。整个链接的销量达到了1万多。

图 2-2-3　标题堆砌无关品牌词

图 2-2-4　标题滥用与介绍本商品无关的字眼

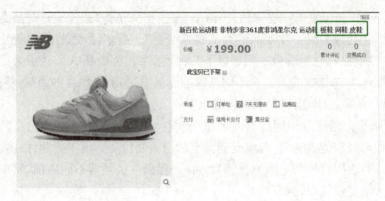

图 2-2-5　出现不同商品描述

3. 文本模型

文本模型是为了保证搜索结果正确。文本模型包含宝贝标题、宝贝详情页中商品描述和关键词的各种判断，同时还包含类目、属性的匹配判断，标题中关键词和关键词之间的逻辑判断，标题中高流量关键词和商品属性的匹配判断，甚至还包含了其他系统能抓到的文本内容，比如运费模板。

4. 时间模型

时间模型指的是淘宝制定的一个规则，即 7 天循环上下架。例如，2020 年 8 月 14 日 15 点 26 分（周五）发布一个宝贝，7 天（下周五 15:26）之后，淘宝会把这个宝贝下架，然后淘宝系统再自动上架。

上下架原则是宝贝越接近下架时间，权重越高，搜索排名越靠前。时间模型的本质是商品轮播机制，给新店、新宝贝展现的机会。

5. 卖家模型

卖家模型指的是卖家活跃度和店铺综合得分权重模型。卖家模型主要包含以下指标。

（1）动态上新率　比如每周都发布新宝贝，新品有搜索加权。

(2) 旺旺在线时长　一般店铺旺旺在线时间为 9~24 h。

(3) 店铺动销率（滞销率）　30 天有销量的产品或全店所有的产品。

(4) 店铺层级　店铺层级一共分为 7 级，如图 2-2-6 所示。通常，层级越高越好。淘宝是按层级划分流量，大体如下。

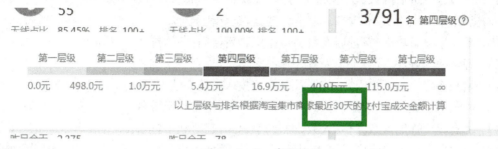

图 2-2-6　店铺层级

① 1~2 层级：20% 流量，中小卖家。
② 3~5 层级：30% 流量，腰部卖家。
③ 6~7 层级：50% 流量，头部卖家。

(5) 客单商品率　即成交一笔订单的产品数量。

6. 服务模型

服务模型大体包含以下几个重要因素。

(1) 店铺 DSR 评分　即店铺动态评分。统计时间是最近 180 天，共包含了 3 项内容：宝贝描述相符、卖家服务态度、物流速度，如图 2-2-7 所示。DSR 评分非常重要，会影响搜索排名、转化率和活动报名。

店铺动态评分　　与同行业相比
描述相符：4.9　↑高于 38.63%
服务态度：4.8　↑高于 28.54%
物流服务：4.8　↑高于 35.61%

图 2-2-7　DSR 评分

(2) 单品的好评率和单品的动态评分。

(3) 退货率　包括纠纷退货率、自主退货率、退货时长。

① 纠纷退货率：买家想退货，卖家不给退，申请了小二介入。如果买家败诉，也不算纠纷退货率。反之，如果商家败诉，就是纠纷退款率。

② 自主退货率：退货是正常的，任何店铺都有退货。注意自主退货率不高于行业均值即可。

③ 退货时长：应及时处理，可缩短时间。

(4) 投诉率　应及时处理，尽量撤诉，可降低投诉率。

(5) 旺旺响应率　即咨询回复率。比如 100 个咨询，有 98 个回复，则响应率就是 98%。

(6) 响应速度　淘宝一般要求 1 min 以内要回复。

7. 人气模型

人气模型是所有模型中对搜索排名影响最大的因素,占了 50% 的权重。人气模型包含以下因素。

(1) 访客数　进店的人数。访客数越多,宝贝排名越靠前。

(2) 点击率　点击量/展现量。点击率越高,越有利于排名。

(3) 转化率　下单人数/进店人数。转化率越高,越有利于排名。

(4) 好评率　好评人数/下单人数。好评率越高,越有利于排名。

(5) 增长率　今日下单人数/前一日下单人数。增长率越高,越有利于排名。

(6) 收藏率　收藏人数/进店人数。收藏率越高,越有利于排名。

(7) 加购率　加购人数/进店人数。加购率越高,越有利于排名。

(8) 跳失率　某人进入宝贝页面,只看了一个页面,没看第二个页面,也没有收藏加购及购买等行为。跳失率＝跳失人数/进店人数。跳失率越低越好。

(9) 停留时间　停留时间越长,越有利于排名。

(10) 老客户购买率　老客户下单人数/全店下单人数。老客户购买率越高,越有利于排名。

(11) 控价率　尽量不要改价,控价率越高,越有利于排名。例如,店铺价格 3 000 元的宝贝,为刷单,改价为 300 元。这种大幅度改价不可取,会影响搜索排名。而 2 888 改成 2 800 属于正常改价。

(12) 分享率　分享人数/进店人数。分享人数越多越好,说明宝贝的人气比较高。

(13) 详情页的展开率　详情页的展开率越高越好。

(14) 坑位产出值　单坑产出值越高越好。

8. 商业规则

(1) 店铺规则　淘宝会给新店、心店、钻店不同程度的扶持,皇冠以上无扶持。店铺打标如极有家、全球购、ifashion、汇吃。

(2) 宝贝规则　主要规则是新品标签,要想办法去打新品标签,尤其是女装应定期上新。

(3) 市场环境　大促销时打标(平台给店铺打的标志)对搜索排名影响非常大,品牌对排名影响也相当大的。

9. 价格模型

淘宝遵循的原则是满足各种需求,那么首先是满足大部分人的需求,再满足个性需求。价格模型就是说,用户最容易接受的价格区对应的宝贝会被优先展示。

10. 个性化模型

(1) 区域　根据个性化原理,某地点的人搜索时,同地的店铺会优先展示。

(2) 性别　搜索引擎会根据最近浏览的产品和购买的产品分析性格。比如,经常浏览男性用品,搜索"牛仔裤"这类中性词的时候,展示的宝贝基本都是男性牛仔裤,而非女性牛仔裤。

（3）购物主张（历史购物价格区间） 搜索引擎会根据买家的消费主张,给买家贴标签。比如,喜欢高客单价产品的人,搜索牛仔裤的时候,出现的牛仔裤都是高客单价的牛仔裤,反之亦然。

（4）浏览轨迹（购物轨迹） 搜索引擎会根据买家的浏览轨迹判断买家最近的需求。比如,某人最近一直在看鱼竿,在钻展、直通车定向和站外定向展位看到的都是鱼竿。

任务准备

1. 淘宝平台的店铺或其他电商平台的店铺。
2. 给店铺开通 10~20 个子账号,供学生登录店铺操作。

任务实施

第 1 步：市场分析

市场分析的目的是"知己知彼",快速了解同行的情况。在搜索框搜"V 领碎花连衣裙",按销量排序,统计前 20~50 名商家的信息,如图 2-2-8 所示。

	A	B	C	D	E	F	G	H
1	通过跟竞品统计,快速了解竞争对手,了解市场情况。 操作步骤:在搜索框搜索主关键词,根据自己的产品卡价格区间(有些产品不需要卡,根据实际情况来),按销量排序,统计前20-50名。							
2	店铺名称	店铺类型(天猫店越多,代表这个类目竞争越大,淘宝店机会越小)	月确认人数(我们要拿到排名的最低销量参考)	月销量(对比付款人数,可以知道平均购买件数)	价格(换算成相同规格单位下)	发货地(代表了产业带也就是同行所在地)	店内活动(我们店铺设计什么样的活动的重要参考)	宝贝链接
3								
4								
5								

图 2-2-8 同行竞品统计示意图

（1）店铺类型 有天猫和淘宝两种。天猫店占比越高,说明行业竞争越激烈。

（2）月度确认收货人数 查看确认收货人数的方法如图 2-2-9 所示。

（3）月销量 销量和收货人数有所不同,因为有人会购买多件。查看月销量如图 2-2-10 所示。

（4）宝贝价格 大多产品是根据同行的均价制定的,搜索即可看到同行的价格。

（5）发货地址 发货地址代表了同行的聚集地,如图 2-2-11 所示。

（6）店内活动 一般的店活动有优惠券、满减、满送、多件折扣、淘金币等方式。可以根据同行的活动,设置自己宝贝的日常活动。

第 2 步：检查店铺 DSR 动态评分

检查路径：卖家中心→交易管理→评价管理。一般要求店铺的 DSR 评分不低于 4.7,最好是 4.8 以上。如图 2-2-12 所示,该店铺 DSR 评分偏低,已有 3 项指标为绿色。

第 3 步：新建产品词库

以"V 领连衣裙""碎花连衣裙""V 领碎花连衣裙"为主题词,搜索下拉框找寻更多可用

图 2-2-9 确认收货人数查看方法

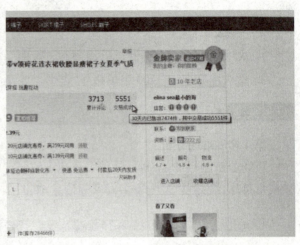

图 2-2-10 店铺 30 天销售量查看方法

图 2-2-11 同行发货地址查看方法

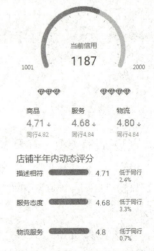

图 2-2-12 DSR 评分查看

词,并放入一个文档内,如图 2-2-13 所示。

第 4 步:标题组合

利用建好的词库,组合汉字标题。组合标题的原则如下。

(1) 和宝贝无关的词不用　比如产品是修身显瘦款,那么就不能用"大码"这样的词。

(2) 顺序无关　标题主要是写给搜索系统看的,所以关键词的顺序可以调整,没有强制要求。

(3) 易读原则　虽然标题是写给搜索系统看的,也要尽量照顾消费者。

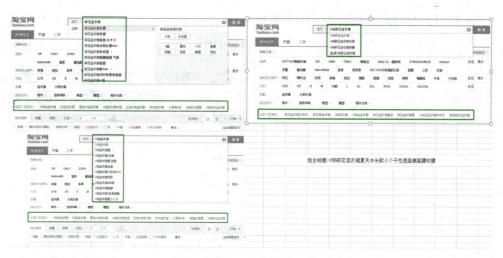

图 2-2-13 新建词库示意图

（4）不要堆砌关键词　同一个标题里不要重复用相同关键词。
（5）尽量写满 30 个字　标题包含的搜索词越多，被搜索到的机会才越大。
（6）不要滥用关键词　别人的品牌、特殊符号、违反广告的词都不要用。
根据以上原则组合的标题示例如图 2-2-14 所示。

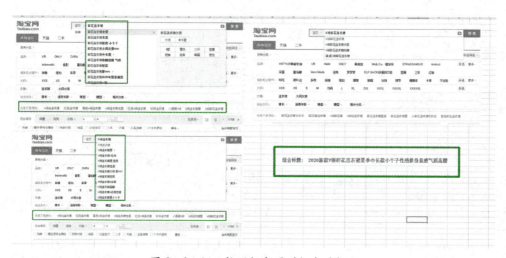

图 2-2-14　按照组合原则组合的标题

第 5 步：给宝贝选择类目

按照单元一任务 6 中选择类目的方法给宝贝选择正确的类目。

第 6 步：给宝贝选择上下架时间

新品上架，没有排名权重，所以要选择同行不太选择的时间段，减少与同行的竞争。新品一般选择上午 9 点上架，这里我们选择定时上架，如图 2-2-15 所示。

第 7 步：完成宝贝发布

按照单元一任务 6 发布宝贝的方法，完成其他信息填写并提交。

第8步：设置公益宝贝

设置路径："出售中的宝贝"→选择宝贝→"公益宝贝"，如图2-2-16~2-2-18所示。

图2-2-15　定时上架示意图　　　　图2-2-16　选择宝贝设置公益宝贝

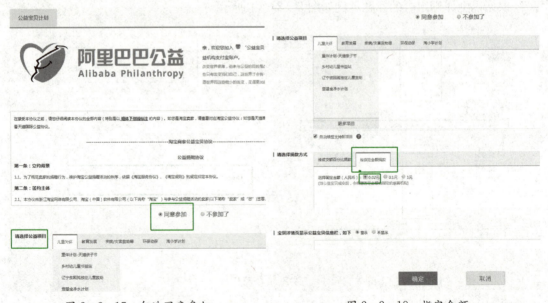

图2-2-17　勾选同意参加　　　　　图2-2-18　指定金额

第9步：开通运费险

开通路径："卖家中心"→"店铺管理"→"商家保障"→"退货运费险"→"立即加入"，加入后如图2-2-19所示。

第10步：开通订单险

加入订单险的商家可以在强制订单险类目下发布商品。根据维权结果，保险会先行赔付给买家。赔付后,保险公司会向卖家追缴赔付款项对应金额。开通订单险可以提升买家的购物信心。目前的收费标准为每月 8 元封顶,保险费率按照卖家差异化定价。

加入订单险路径:"卖家中心"→"淘宝服务"→"消费者保障服务"→"订单险 & 账期保障"→"订单险"→【开通】,如图 2-2-20 所示。

图 2-2-19　加入退货运费险示意图

图 2-2-20　开通订单险页面

第 11 步:新品破零

新品权重很低,不容易获得排名和流量。可通过社交渠道(比如微信、微博)来宣传产品,给予较大折扣甚至亏本的方式,实现破零。破零以后,宝贝的排名权重就会大幅提升。

任务评价

表 2-2-1　打造新品搜索排名权重学习评价

评价项目	自我评价(25 分)		小组互评(25)		教师评价(25)		企业评价(25)	
	分值	评分	分值	评分	分值	评分	分值	评分
市场统计数据完成程度	5		5		5		5	
词库建立完善程度	5		5		5		5	
标题组合完善程度	5		5		5		5	
运费险设置熟练程度	5		5		5		5	
公益宝贝设置熟练程度	5		5		5		5	

能力拓展

1. 为图 2-2-1 的 V 领碎花连衣裙建立市场统计表。
2. 在实操店铺开通运费险。
3. 在实操店铺选择 3 款宝贝设置为公益宝贝。

任务 3　直通车推广

学习目标

1. 掌握直通车的概念。
2. 了解直通车广告推广位置。
3. 能为宝贝新建智能计划和自定义计划。

学习任务

掌握学习直通车的基本知识和操作的基本流程,新建直通车计划,掌握直通车操作技巧。

任务分析

直通车是按点击量推广的全域搜索营销推广工具。商家设置与推广商品相关的关键词和出价,在买家搜索相应关键词时推广商品获得展现和流量,实现精准营销,卖家按所获流量(点击数)付费。

1. 直通车定义

直通车是淘宝网为卖家量身打造的按点击付费的精准引流的营销工具,是淘宝商家打造爆款的营销利器。

2. 直通车展示位置

(1) PC 端直通车展示位　搜索结果页右侧 16 个＋搜索结果页底部 5 个＋搜索结果页最前面 0～4 个＝21～25 个。

搜索结果页右侧 16 个位置,如图 2-3-1 所示,右侧显示 5 个直通车推广宝贝,下拉还有 11 个。

搜索结果页最下面 5 个位置,如图 2-3-2 所示。

搜索结果页左侧 0～4 个位置,如图 2-3-3 所示。

搜索页共有 12×4＋16＋5＝69 个产品展示位。直通车位占比为 23/69＝0.33,即直通车占据了 33% 的 PC 搜索结果页。

(2) 无线端直通车展示位　在手机淘宝或手机网页版淘宝的搜索结果中,带有"HOT"字样的宝贝,如图 2-2-4 所示,推广位穿插在搜索结果中。

单元二　流量推广

图2-3-1　直通车展示位：搜索页面最右侧

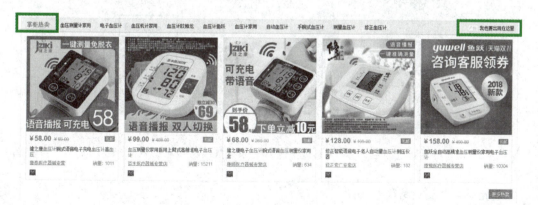

图2-3-2　直通车展示位：搜索页面底部

2-17

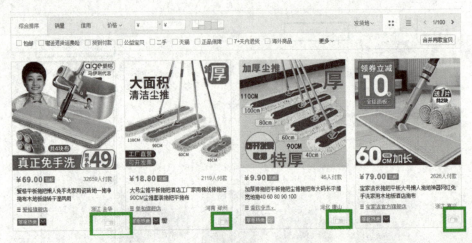

图 2-3-3　直通车展示位：搜索页左侧

图 2-3-4　无线端直通车展示位第一个和第二个

3. 直通车主要数据段

（1）展现量（PV）　推广单元在淘宝直通车展示位上被买家看到的次数。

（2）点击量（UV）　推广单元在淘宝直通车展示位上被点击的次数。注意，虚假点击会被直通车反作弊体系过滤,该数据为过滤后的数据。因为直通车是一个引流工具,如果带不来流量,或者带来很少的流量,说明直通车几乎起不到作用。

(3) 花费　推广单元在淘宝直通车展示位上被用户点击所消耗的费用。

(4) 点击率　点击率＝点击量/展现量,可直观表示宝贝的吸引程度。点击率越高,说明宝贝对买家的吸引力越大。在直通车中,最重要的数据就是点击率。

(5) 平均点击花费(PPC)　平均点击花费＝花费/点击量,即推广单元每次点击产生的平均花费金额。PPC 代表了引流的成本,也是衡量新手水平的数据。

(6) 千次展现花费　千次展现花费＝花费/(展现量/1 000),即推广单元在淘宝直通车展示位上每千次展现产生的平均花费金额,用于评估推广单元及其创意在淘宝直通车营销推广中的展现成本。

(7) 投入产出比(ROI)　投入产出比＝总成交金额/花费,反映淘宝直通车点击花费在所选转化周期内带来支付宝成交金额的比例。例如,在直通车花了 100 元,通过直通车成交了 300 元,那么投入产出比为 300/100＝3。

(8) 收藏宝贝数　推广宝贝在淘宝直通车展示位被点击后,买家在所选转化周期内,收藏该推广宝贝的次数。

(9) 收藏店铺数　推广单元在淘宝直通车展示位被点击后,买家在所选转化周期内,通过该推广宝贝收藏店铺的次数。

(10) 总收藏数　总收藏数＝收藏宝贝数＋收藏店铺数,即推广单元在淘宝直通车展示位被点击后,买家在所选转化周期内,所有收藏的次数。

(11) 直接购物车　推广单元在淘宝直通车展示位被点击后,买家在所选转化周期内,直接在推广宝贝的详情页面加入购物车的次数,即通过 A 商品进入店铺,就把 A 加入购物车。

(12) 间接购物车　推广单元在淘宝直通车展示位被点击后,买家在所选转化周期内,通过推广宝贝的详情页面跳转至店铺内其他宝贝的详情页面加入购物车的次数。通过 A 进入店铺,就把 B 加入购物车。

(13) 总购物车　直接购物车数＋间接购物车数,即推广单元在淘宝直通车展示位被点击后,买家在所选转化周期内,所有加入购物车的次数。

(14) 直接成交金额　推广单元在淘宝直通车展示位被点击后,买家在所选转化周期内,直接在推广宝贝的详情页面拍下并通过支付宝交易的成交金额(含运费)。

(15) 间接成交金额　推广单元在淘宝直通车展示位被点击后,买家在所选转化周期内,通过推广宝贝的详情页面跳转至店铺内其他宝贝的详情页面,拍下并通过支付宝交易的成交金额(含运费)。

(16) 总成交金额　总成交金额＝直接成交金额＋间接成交金额,即推广单元在淘宝直通车展示位被点击后,买家在所选转化周期内,所有通过支付宝交易的成交金额(含运费)。

(17) 直接成交笔数　推广单元在淘宝直通车展示位被点击后,买家在所选转化周期内,直接在推广宝贝的详情页面拍下并通过支付宝交易的成交笔数。

(18) 间接成交笔数　推广单元在淘宝直通车展示位被点击后,买家在所选转化周期内,通过推广宝贝的详情页面跳转至店铺内其他宝贝的详情页面,拍下并通过支付宝交易的成交笔数。

(19) 总成交笔数　总成交笔数＝直接成交笔数＋间接成交笔数,即推广单元在淘宝直通车展示位被点击后,买家在所选转化周期内,所有通过支付宝交易的成交笔数。

(20) 点击转化率　点击转化率＝总成交笔数/点击量,反应淘宝直通车点击在所选转化周期内转化支付宝成交的比例。

(21) 关键词　加入直通车推广单元的推广词,如图 2-3-5 所示。

(22) 关键词的匹配方式　包括广泛匹配和精确匹配,如图 2-3-6 所示。

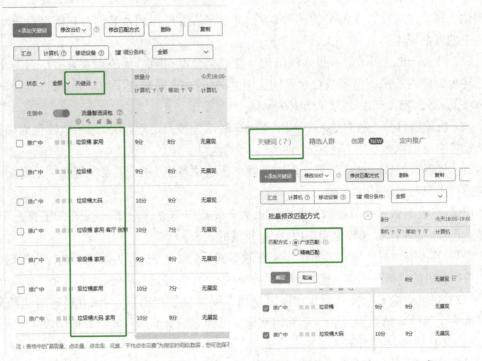

图 2-3-5　直通车关键词　　　　图 2-3-6　关键词匹配方式

(23) 广泛匹配　是指买家搜索词包含了所设置的关键词或与其相关时,即使并未设置这些词,推广宝贝也可能获得展现机会。

(24) 精确匹配　是指买家搜索词与所设置的关键词一样,推广宝贝才会向买家展示。精确匹配更精准,广泛匹配流量大。一般来讲,大词、类目词、热搜词及产品词用精准匹配,长尾词、小词一般用广泛匹配。

(25) 关键词的质量得分　质量得分是搜索推广中衡量关键词与宝贝推广信息和淘宝网用户搜索意向 3 者之间相关性的综合性指标。以 10 分制的形式来呈现,分值越高,推广效果越理想。

任务准备

1. 一个淘宝平台上已经开通直通车推广工具的店铺。

2. 给店铺开通 10~20 个子账号,可供学生登录店铺操作直通车。

> **任务实施**

一、新建直通车智能计划

直通车计划分为智能推广、系统推荐、自定义 3 种。智能推广基本上交由系统自动推广;系统推荐类似于半自动推广;自定义则完全是个人操作。常用的是智能推广和自定义推广。根据需要,在直通车页面中新建推广计划,并添加需要推广的宝贝。

第 1 步:选择营销场景

点击"新建推广计划",选择营销场景,如图 2-3-7、2-3-8 所示。

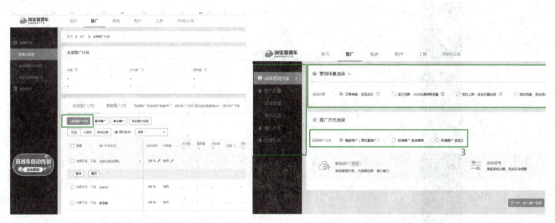

图 2-3-7　新建推广计划　　　　　图 2-3-8　选择营销场景

1. 选择营销场景

店家可以根据实际需要选择营销场景,营销场景有以下 5 种。

(1) 日常销售-促进成交　以提升货品销售为主要目标,选取高精准和高转化关键词及人群,辅助对应的出价,提升转化效果。

(2) 宝贝测款-均匀快速获取流量　测款策略可帮助快速均衡流量,引入测款宝贝,快速掌握测款数据。

(3) 定时上架-促进收藏加购　淘宝通过定时上架的商品类型推广,获取推广预热流量及人群。

(4) 活动场景-促进活动爆发　以活动前快速获得较大流量为目标,选取类目以及高流量词,以及对活动的相关兴趣人群,为活动爆发期流量蓄水。

(5) 自定义场景　可自定义填写推广的营销场景。

2. 选择推广方式

为促进日常成交,则选第一种。营销场景选完之后,就要选择推广方式。推广方式有以下 3 种。

(1) 智能推广(原批量推广)　为系统智能托管,具有大数据优势,省心省力。

(2) 标准推广-系统推荐　借鉴系统方案,再加手动调整,为半智能半手工。

(3) 标准推广-自定义　不借助系统优化,完全自主设置与优化。

一般选用智能推广或者自定义推广,半自动用的相对较少。因为标准推广是最基础的操作,是车手或者运营人员根据自己的专业知识操作直通车,用的最多。新手不懂操作直通车,又由于大数据的支持,智能化成了车手或者运营者的选择。但是智能化目前水平不高,还需要车手或者运营人员时刻关注智能推广数据,根据投放数据的反馈,选择要不要使用智能化推广。

第 2 步:推广设置

如图 2-3-9 所示,首先填写计划名称,根据需要填写即可。

图 2-3-9　推广设置

(1) 日限额　每天最高花费限额。例如设置为 30 元,那么每天该计划的花费不会超过 30 元。

(2) 高级设置　投放平台、投放地域、投放时间的设置。点击橙色字体"投放平台/地域/时间",弹出界面如图 2-3-10 所示。

图 2-3-10　投放平台设置

步骤1：选择投放平台。投放平台分为计算机设备和移动设备。计算机设备又包含淘宝站内、淘宝站外；移动设备也包含淘宝站内、淘宝站外。用"开关"选择是投还是不投。

步骤2：设置投放地域。点击"投放地域"，如图2-3-11所示。

图2-3-11　投放地域设置

步骤3：设置投放时间。点击"投放时间"，如图2-3-12所示。星期一到星期天，每天为24 h，每小时又分为两个30 min，一天共分为48个时段。可以按30 min设置折扣。折扣

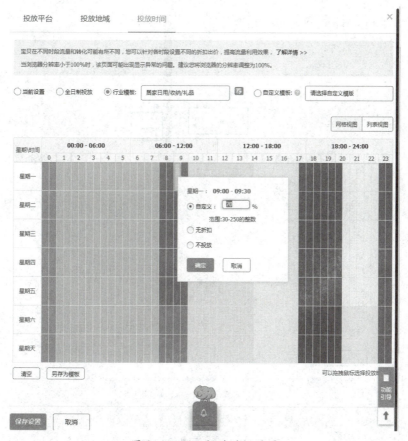

图2-3-12　投放时间设置

分为：自定义30%～250%的折扣、无折扣，以及不投放。

步骤4：添加宝贝。点击"添加宝贝"，如图2-3-13～2-3-15所示。

步骤5：设置推广创意，如图2-3-16所示。创意是指展示在直通车展示位上给消费者看的图片，也叫推广图。在新建流程中，目前默认使用主图。可以在新建完成后，在创意板块更换设置。

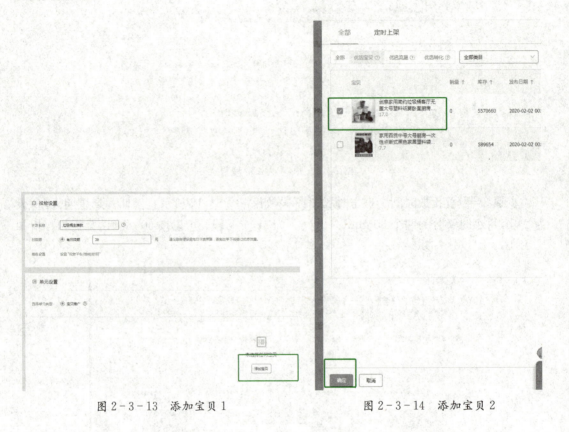

图2-3-13　添加宝贝1　　　　图2-3-14　添加宝贝2

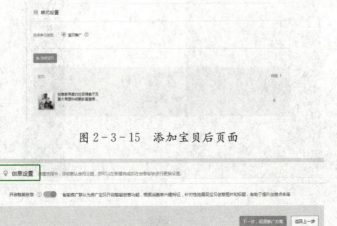

图2-3-15　添加宝贝后页面

图2-3-16　设置推广创意

如果默认开启智能创意,推广宝贝开启智能创意功能,即根据消费者兴趣特征,针对性地展现宝贝创意图片和标题,有助于提升创意点击率。

第3步:推广方案

如图2-3-17所示。设置默认出价上限后,勾选"添加自选词",如图2-3-18所示。根据判断,选择合适宝贝的关键词,系统默认精准匹配。

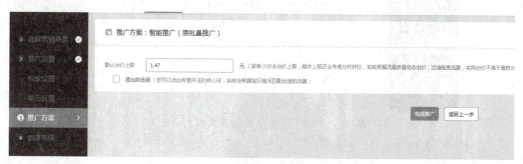

图2-3-17 智能推广

图2-3-18 精准匹配

第4步:点击完成推广

选择完成后点击【完成推广】,这样智能推广计划就建好了,开始投放。

二、新建直通车自定义计划

第1步: 选择营销场景,步骤同智能计划。然后选择推广方式,这里不选择"智能推广",而是选择"标准推广-自定义",如图2-3-19所示。

第2步:投放设置

投放设置中,计划名称、日限额、高级设置等都和智能计划的操作相同。这里多了投放方式一项。投放方式分为智能化均匀投放和标准投放两种,如图2-3-20所示。

第3步:推广宝贝

投放方式选择完成后,选择推广宝贝,步骤同智能计划,如图2-3-21、2-2-22所示。

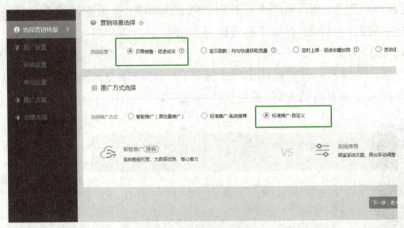

图 2-3-19 选择营销场景及推广方式

图 2-3-20 投放设置

图 2-3-21 选择推广宝贝

单元二 流量推广

图 2-3-22 选定宝贝后页面

第 4 步：设置推广创意

操作方法同智能计划，但是这里多了"编辑营销卖点"一项，如图 2-3-23、2-3-24 所示。

图 2-3-23 设置推广创意　　　　　　　图 2-3-24 编辑营销卖点

添加营销卖点后，直通车后台个性化推荐宝贝标题的营销卖点词，以突出产品卖点、营销热点，丰富创意标题素材，不再自动展示标题，根据产品属性来自定义展示创意标题。

第 5 步：显示推广设置

添加完后点击下一步，推广设置显示如图 2-3-25 所示。

图 2-3-25 标准推广设置显示

2-27

第6步：添加更多自选关键词

如图 2-3-26 所示，选择匹配宝贝即可。

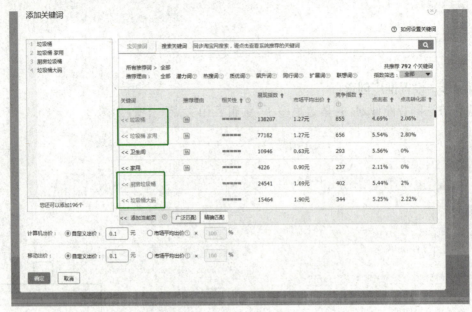

图 2-3-26　添加自选关键词

第7步：添加人群

点击"添加人群"，如图 2-3-27～2-3-31。

图 2-3-27　新增精选人群

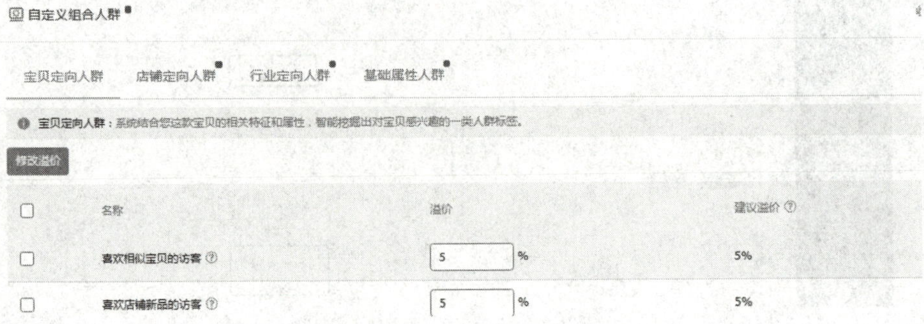

图 2-3-28　添加宝贝定向人群

图 2-3-29　添加店铺定向人群

图 2-3-30　添加行业定向人群

图 2-3-31　添加基础推广人群

第8步：完成推广计划

设置推广人群之后，点击【完成推广】按钮，推广计划就建好了，如图 2-3-32 所示。

图 2-3-32 完成推广计划

任务评价

根据表 2-3-1 的项目进行评价。

表 2-3-1 直通车推广学习评价

评价项目	自我评价(25 分)		小组互评(25)		教师评价(25)		企业评价(25)	
	分值	评分	分值	评分	分值	评分	分值	评分
营销场景	5		5		5		5	
推广设置	5		5		5		5	
推广创意	5		5		5		5	
关键词设置	5		5		5		5	
任务完成度	5		5		5		5	

能力拓展

1. 为店铺宝贝新建一个直通车自定义推广计划。
2. 为店铺宝贝新建一个直通车智能推广计划。

▶ 任务 4　钻石展位推广

学习目标

1. 掌握钻石展位的基本知识。
2. 学会新建钻石展位推广计划。

单元二 流量推广

学习任务

学习钻石展位的基本知识和操作基本流程,新建钻石展位推广计划,掌握钻石展位制作与推广的技巧。

任务分析

钻石展位可以实现在短期内进行爆发式的曝光与流量引入,既可以大面积展示高大上的品牌广告,实现品牌推广效果;也可以推广单品,实现快速的销量累计。

1. 钻石展位的定义

钻石展位是淘宝网图片类广告位竞价投放平台,是为淘宝卖家提供的一种营销工具。钻石展位依靠图片创意吸引买家点击,获取巨大流量。有两种计费方式,按千次展现扣费或者按点击扣费,出价从高到低排序展现。

2. 钻石展位的开通条件

(1) C 店(淘宝和企业店) 店铺每项 DSR 在 4.5 以上,店铺好评率在 98% 以上,信用等级在三钻以上。

(2) B 店(天猫) 店铺每项 DSR 在 4.5 以上。

3. 钻石展位的投放位置

(1) 无线端展位 消费者主要用手机淘宝购物,无线端的流量已经占到 95% 以上,是主要投放方式。展位如图 2-4-1 所示。

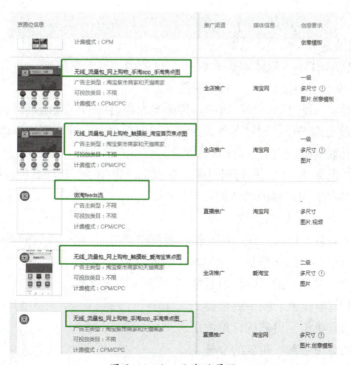

图 2-4-1 无线端展位

(2) PC 端展位　PC 端展位如图 2-4-2 所示。

图 2-4-2　PC 端展位

4. 钻石展位的基本概念

(1) 展现量　展现的次数(被消费者看到的次数)。

(2) 点击量　被点击的次数。

(3) 消耗　展示花费。

(4) 回搜量　一段时间(周期)内的广告曝光人群,在曝光(点击)后的一定天数内(15天)发生过回搜行为(通过搜索渠道进入店铺首页或店铺内宝贝详情页)的总数。

(5) 行动量　一段时间(周期)内的广告曝光人群,即回搜、回访、收藏加购等行为量的总和。

(6) 行动成本　一段时间(周期)内的广告消耗/行动量,即行动成本=消耗/行动量。

(7) 收藏宝贝量　收藏的次数。

(8) 收藏加购的成本　收藏加购成本=消耗/收藏加购的次数。

(9) 回搜的成本　回搜成本=消耗/回搜量。

(10) 回访量　一段时间(周期)内的广告曝光人群,在曝光(点击)后的一定天数内发生过回访行为(通过搜索、收藏、购物车等渠道进入店铺首页或店铺内宝贝详情页)的总量。

(11) 回访成本　回访成本=消耗/回访量。

(12) 投资回报率(ROI)　投资回报率=总成交金额/消耗,反映有展现(点击)行为的用户,在一段时间(周期)内带来的累计投入产出比。

(13) 访客(UV)　进店的人数。

(14) 深度进店量　通过展现(点击)钻石展位创意之后,在一段时间(周期)内浏览页面次数大于等于 2 次的买家,进店后产生浏览次数的总和。

(15) 拍下的订单量　拍下的订单数量,但拍下不一定付款。

(16) 拍下的订单金额　拍下的金额。

(17) 成交的订单量　付款的订单数量。

(18) 成交的订单金额　付款的金额。

(19) 访问时长　平均每人在店内停留的时间。

(20) 千次展现成本 千次展现成本＝消耗/(展现量 1 000)，表示推广创意在每获得 1 000 次展现后所产生的平均费用。

(21) 点击单价(CPC) 点击单价＝消耗/点击量，表示推广创意在获得每次点击后所产生的平均费用。

(22) 点击率(CTR) 点击率＝点击量/展现量。比如，展现 1 000 次，如果有 50 个点击，那么点击率为 5%。

(23) 点击转化率(CVR) 点击转化率＝成交量/点击量。比如，有 100 个人点击，成交了 3 单，那么点击转化率为 3%。

(24) 收藏加购率 收藏加购率＝收藏加购人数/进店的人数。

(25) 定向 访客标签化。系统会综合分析访客的历史浏览、搜索、收藏、购买行为等，来确定访客的标签。含有定向标签的访客称为定向流量。若不区分访客的标签，或系统无法识别访客属性，则为通投流量。

5. 钻石展位的扣费原理

钻石展位支持按展现收费(CPM)和按点击收费(CPC)的扣费模式。

(1) 按展现收费(CPM) 按照 CPM 竞价收费，即按照每千次展现收费，点击不收费。按照竞价高低排序，价高者优先展现。例如，出价 6 元，那么广告被人看 1 000 次收取 6 元。

钻石展位系统会自动统计展现次数，并反馈在钻石展位后台报表中。不满 1 000 次的展现，系统会自动折算收费。实际扣费＝按照下一名 CPM 结算价格＋0.1。

(2) 按点击收费(CPC) 按照 CPC 竞价收费，即展现免费，点击收费。在点击付费投放模式下，将点击出价折算成千次展现的价格。折算后的 CPM 出价与其他商家竞争，价格高的优先展示。CPM＝CPC×CTR×1 000。

CPC 是在后台设置出价。CTR 是一个系统预估值，会受多种因素影响，主要影响的因素有资源位、定向、创意。系统会参考商家历史投放数据确定资源位、定向和创意。若为新商家且从未投放过钻石展位，系统则会参考此类目同一级别相关店铺的数据。其中，建议商家使用之前投放过 CPM 点击率比较好的创意，以提升预估 CTR。

竞价成功后，按照下一名 CPM 结算价格＋0.1 元作为实际扣费的 CPM 价格，根据公式换算成点击扣费 CPC。公式为 CPM＝CPC×CTR×1 000，推算 CPC＝CPM/(1 000×CTR)。例如，商家 A 设置的点击出价是 0.8 元，预估 CTR 是 5%。

① 参与竞价的 CPM＝CPC×CTR×1 000＝0.8×5%×1 000＝40(元)。

也就是说，用点击付费模式设置的出价是 0.8 元，实际是以 40 元的 CPM 参与竞价，最后根据 CPM 出价高低排序展现。

② 假设下一名的结算价格为 29.9 元，商家 A 投放结算的 CPM 价格为 29.9＋0.1＝30(元)。最终，下一名的结算价格＋0.1 元，即 30 元，作为最后实际扣费的 CPM 价格。

③ 实际扣费 CPC＝30 元/(1 000×5%)＝0.6(元)。

任务准备

1. 淘宝平台中已经开通了钻石展位推广工具的店铺。

2. 给店铺开通 10~20 个子账号，供学生登录店铺操作钻石展位。

> 任务实施

第1步：进入钻石展位的后台

点击"卖家中心"→"营销中心"→"我要推广"→"钻石展位"，进入后台，如图 2-4-3、2-4-4 所示。

图 2-4-3　钻石展位

图 2-4-4　超级钻石展位后台

第2步：进入创建页面

点击"计划"，进入计划组创建页面，如图 2-4-5 所示。

第3步：进入计划设置页面

点击"新建计划组"，进入计划设置页面，如图 2-4-6 所示。左侧新建计划共有 4 小步，分别为创建计划组、设置计划、设置创意、创建完成。

图 2-4-5　计划组创建页面

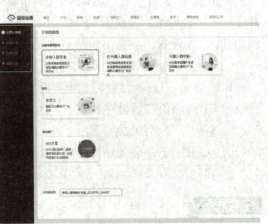
图 2-4-6　设置计划组

第 4 步：设置计划组

选择消费者圈层营销，如图 2-4-7 所示，消费者圈层分为 6 种。

（1）未知人群探索　向尚未和本类目发生过互动的人群投放广告。未知人群是指过去 30 天未在店铺主营类目下发生过点击、回搜、回访、收藏、加购行为，且过去 180 天未在店铺主营类目下发生过购买行为的消费者。

（2）泛兴趣人群拉新　向已和本类目发生过互动但和本店尚未互动的人群投放广告。泛兴趣人群是指过去 30 天在店铺主营类目下发生了点击、回搜、回访、收藏、加购行为或过去 180 天在店铺主营类目下发生了购买行为，且过去 30 天未在本店发生点击、回搜、回访、收藏、加购行为，且过去 180 天未在本店发生购买行为的消费者。

（3）兴趣人群收割　向已和本店铺产生过互动的人群投放广告。兴趣人群定义是，过去 30 天在本店铺发生了点击、回搜、回访、收藏、加购行为，或过去 180 天在本店发生了购买行为的消费者。

基于精准投放，以成交为目的的原则，这里选择精准兴趣人群投放。

第 5 步：设置计划

计划设置包含基本信息设置、定向人群设置、资源位设置、预算和出价设置，如图 2-4-7 所示。

1. 基本信息设置

设置基本信息，如图 2-4-8 所示。

图 2-4-7　计划设置显示页面　　　　　图 2-4-8　计划设置基本信息设置页面

（1）计划名称　设置一个自己能理解的名称，比如爆款日常、618 大促临时计划等。
（2）投放日期　365 天，默认即可。
（3）投放时段　可以使用系统模板，按时段全开，也可以自定义，如图 2-4-9 所示。
（4）投放地域　可以使用系统模板，即地域全开，也可以自定义，如图 2-4-10 所示。

2. 定向人群设置

这里选择 AI 优选，如图 2-4-11 所示，更好地利用淘宝大数据，省心省力。也可以选择自定义人群，建议新手选择 AI 优选方式。

3. 资源位设置

资源位就是广告投放的位置。这里选择优质资源位投放，也可以选择自定义资源位，如

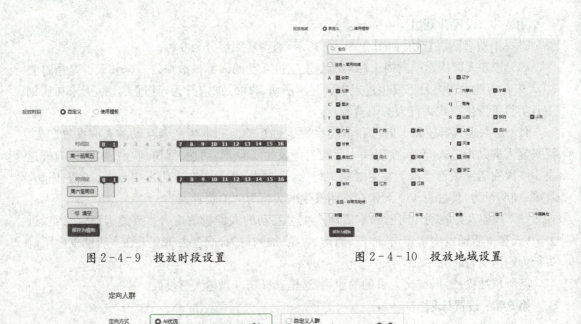

图2-4-9 投放时段设置　　　　　图2-4-10 投放地域设置

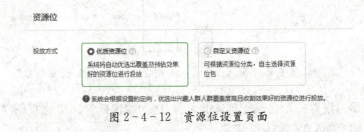

图2-4-11 定向人群设置页面

图2-4-12所示。优质资源位是系统自动筛选的合集。自定义资源位又分为淘宝站内广告位和站外广告位两种，可以根据需要和对这些广告位置的了解进行选择，如图2-4-13、2-4-14所示。

图2-4-12 资源位设置页面

4. 预算和出价设置

预算和出价设置如图2-4-15所示。根据营销目标，一般选择成交量，因为推广的最终目的还是成交。竞价方式有以下3种。

（1）成本控制　系统为优化你选定的营销目标进行智能出价，控制平均投放成本尽量小于你所设置的期望控制金额。

（2）预算控制　在计划预算的范围内，系统会根据选定的营销目标智能出价，最大化所选定的营销目标。

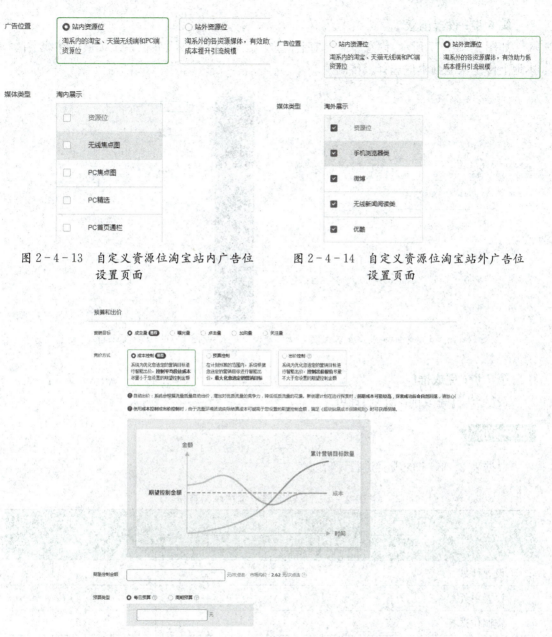

图 2-4-13　自定义资源位淘宝站内广告位设置页面

图 2-4-14　自定义资源位淘宝站外广告位设置页面

图 2-4-15　预算和出价设置页面

（3）出价控制　系统为优化选定的营销目标智能出价，控制出价报价，尽量不大于设置的期望控制金额。

上述3种方式都是智能出价，不是自己出价。第一种方式，系统尽量控制期望引流成本，比如期望一个流量不超1元钱。第二种是控制预算，比如一天预算100元钱，以成交为目标，系统完成尽可能多的成交。第三种是设置一个出价，系统尽量一个流量不超过出价。第一种和第三种类似，都是控制引流成本，不管结果如何；第二种是控制预算，系统尽可能完成目标。这里选择第一种方式，每日预算金额50元，如图2-4-16所示。

第 6 步：设置创意

如图 2-4-17 所示，创意库需提前上传推广图，类似于钻石展位系统提供的在线空间。本地上传是从电脑本地选择上传图片。

图 2-4-16 竞价方式：成本控制　　图 2-4-17 添加推广创意

第 7 步：完成推广

最后点击【完成推广计划】即可。

任务评价

根据表 2-4-1 的项目进行评价。

表 2-4-1　钻石展位推广学习评价

评价项目	自我评价(25 分)		小组互评(25)		教师评价(25)		企业评价(25)	
	分值	评分	分值	评分	分值	评分	分值	评分
设置计划	5		5		5		5	
设置单元	5		5		5		5	
资源位选择	5		5		5		5	
创意制作	5		5		5		5	
任务完成度	5		5		5		5	

能力拓展

收集优秀钻石展位图片。

位置：PC 焦点、PC 焦点 banner、PC 第一屏通栏、PC 二屏右侧大图、PC 三屏 banner、WX 手淘焦点。

任务 5　淘宝客推广

学习目标

1. 了解淘宝客推广基本知识。
2. 学会设置淘宝客计划。

学习任务

学习淘宝客的基本知识和操作的基本流程，能够自主设置淘宝客计划，并运用淘宝客推广给店铺引流。

任务分析

淘宝客推广是淘宝提供给商家的一种按成交付费（CPS）的营销方式，不成交不付费。比如退货，最终没有成交，则商家不需要付费。

商家自行设置佣金比例。比如，商家设置的佣金比例为20%，则成交的20%是推广费。因此，淘宝客推广几乎没有风险。

（1）通用推广计划　通用推广计划就是每个参加淘宝客的卖家设置的类目佣金，所有的淘宝客都可以参加，都能够推广。

卖家开通淘客推广后的基本计划，不可以删除、不可隐藏、不可停止（除非退出淘客推广）。通用推广计划一定要用类目最低佣金，避免佣金损失。这可为很多店铺每个月节约几万、十几万，甚至几十万元费用。

（2）营销计划　营销计划是商家在阿里妈妈后台推广单品的新计划。在计划中，商家可以设置单品推广时间、佣金比例，选择阿里妈妈推广券。设置单品佣金后，淘宝客营销计划后台可直接展示，直接获取链接，主动推广商品。

（3）如意投计划　如意投计划是系统根据宝贝的综合情况以及佣金比例匹配，将商品智能推送到爱淘宝搜索结果页、中小网站橱窗推广等页面上展现。

如意投的优势：

① 操作简单：只需要启用如意投推广并设置相应的类目佣金即可。

② 推广精准：经过系统的智能分析，根据用户的行为精准投放。爱淘宝作为主推阵地，类似于搜索推广。

③ 系统投放：系统会自动投放，省去了找淘宝客的漫长过程。

④ 渠道丰富：依托联盟自有媒体（主要是爱淘宝）和合作伙伴的推广渠道，为买家带来更多站外优质流量。

如意投展示位置：

① 爱淘宝：搜索以及首页文字链接展现结果。建议在爱淘宝首页的搜索框，搜索宝贝相关的关键词，查看搜索结果。爱淘宝是如意投投放的主要阵地。

② 中小网站的广告位。

(4) 定向计划　定向计划是淘宝卖家为了更好地推广店铺设置的一种非公开推广计划，选择淘宝客加入。一般定向计划是商家给长期合作淘宝客使用的，佣金会高于一般的营销计划。

(5) 自选计划　自选计划是店铺中设置为公开自动审核定向计划的升级计划。该计划是为商家管理淘宝客而量身定制的新计划。除提供淘宝客推广店铺效果数据、淘宝客推广能力评估外，商家还可根据各淘宝客的推广情况选择同淘宝客建立具体的推广关系，如为某淘宝客开设人工审核的定向计划等。

任务准备

1. 淘宝平台店铺或者拥有淘宝客推广功能的其他电商真实运营平台的店铺。
2. 给店铺开通 10～20 个子账号，供学生登录店铺操作淘宝客。

任务实施

一、设置通用计划

第 1 步：进入"通用计划"

打开淘宝客后台，点击进入推广产品看板，如图 2-5-1 所示。

图 2-5-1　进入"通用计划"

第 2 步：编辑类目佣金

一般设置为类目要求的最低佣金，大部分类目为 1.5%，如图 2-5-2 所示。

图 2-5-2　佣金管理页面

二、设置营销计划

第1步：进入"营销计划"
打开淘宝客后台，在左侧菜单"计划管理"中选择"营销计划"，如图2-5-3所示。

第2步：添加主推商品
进入营销计划，选择添加主推商品，如图2-5-4所示。选择商品并添加，最多可以添加10 000个商品，如图2-5-5所示。

图2-5-3　营销计划　　　　　　　图2-5-4　添加主推商品

图2-5-5　选择并添加商品

第3步：设置推广时间
对单品进行策略编辑，设置推广时间和佣金比例，如图2-5-6所示。

第4步：完成设置
设置完成，等待次日0点生效即可，如图2-5-7所示。

图 2-5-6 设置推广时间

图 2-5-7 设置完成

三、设置如意投计划

第 1 步：进入如意投计划

进入推广商品看板，点击"如意投计划"。

第 2 步：添加主投商品

进入如意投计划，选择添加主推商品，如图 2-5-8 所示。

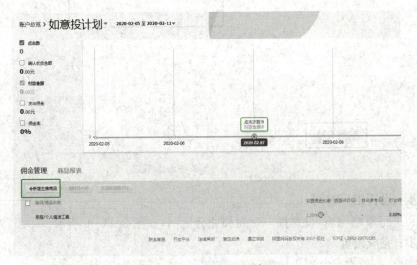

图 2-5-8 添加主推商品

第3步：选择主推商品

选择主推商品如图2-5-9所示，被选商品出现在右边"已选中商品"中。

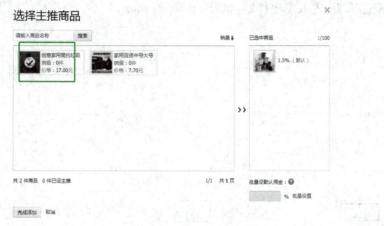

图2-5-9　选择主推商品

第4步：设置佣金

设置具体的佣金比例，如图2-5-10~2-5-13所示。

图2-5-10　设置佣金比例

图2-5-11　设置佣金范围　　　　图2-5-12　修改佣金

图2-5-13　设置完成

四、设置定向计划

第1步：进入"定向计划"

推广商品看板，进入定向计划，如图2-5-14所示。

图2-5-14　进入"定向计划"

第2步：新建定向计划

进入定向计划，新建定向计划，如图2-5-15、2-5-16所示。

图2-5-15　进入定向计划

单元二 　流 量 推 广

第 3 步：完成设置

设置定向计划参数，点击【创建完成】。

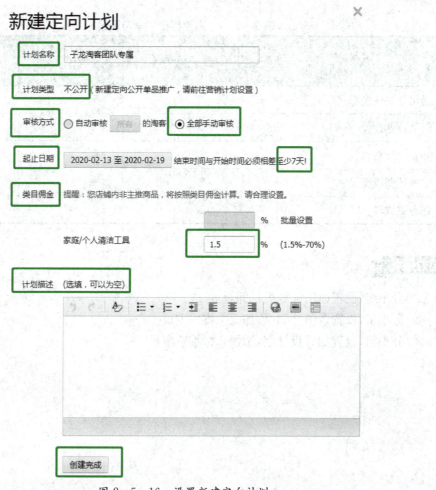

图 2－5－16　设置新建定向计划

第 4 步：查看创建结果

创建成功后复制链接，查看创建结果，如图 2－5－17 所示。

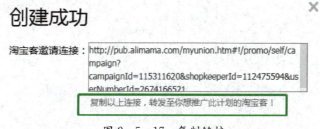

图 2－5－17　复制链接

任务评价

根据表 2-5-1 的项目进行评价。

表 2-5-1 淘宝客推广学习评价

评价项目	自我评价(25 分)		小组互评(25)		教师评价(25)		企业评价(25)	
	分值	评分	分值	评分	分值	评分	分值	评分
通用计划设置	5		5		5		5	
营销计划设置	5		5		5		5	
如意投计划设置	5		5		5		5	
定向计划设置	5		5		5		5	
任务完成度	5		5		5		5	

能力拓展

1. 分小组,设置通用计划类目佣金。
2. 分小组,设置营销计划,添加 2 个推广宝贝。
3. 分小组,设置如意投计划,添加 2 个推广宝贝。

单元三 数据分析

"无数据,不电商。"淘宝的数据分析基本离不开生意参谋。淘宝赋予生意参谋的作用是:制定计划,实时监控,让店铺运营更有方向!所以,要优化店铺产品,就必须理解生意参谋的品类模块。读懂了其数据,可以细致了解产品的优缺点,进行提升、优化销售策略。

▶任务1 生意参谋首页数据理解

学习目标

1. 了解数据分析的重要性。
2. 掌握生意参谋首页板块数据的含义。

学习任务

了解数据分析的重要性,理解生意参谋首页板块组成,会使用生意参谋,加强店铺管理。

任务分析

数据驱动生产,数据就是生产力。通过数据分析可以发现店铺的问题,然后解决问题。本任务了解数据分析的重要性,学习生意参谋基础知识,理解生意参谋首页板块中数据,使用生意参谋,提高店铺管理水平。

任务准备

1. 移动端信息设备,PC端信息设备,登录生意参谋页面。
2. B2C、C2C 平台,淘宝网平台 https://www.taobao.com/,以及一个可真实操作的店铺。

任务实施

第1步:认识首页板块

生意参谋首页包含两大板块:实时数据板块和视窗板块。视窗板块包含运营视窗、管理视窗和服务视窗,如图 3-1-1、3-1-2 所示。

图 3-1-1　实时数据板块

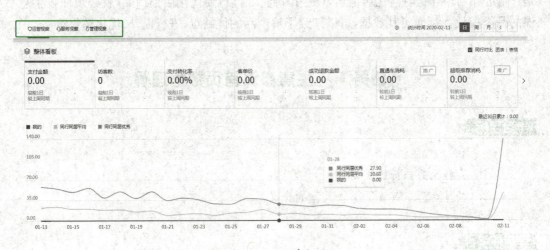

图 3-1-2　视窗板块

第 2 步：解读实时数据

1. 实时概况

实时概况是指当天实时数据。从 0 点开始统计,一直到 23 点 59 分 59 秒。

(1) 支付金额　当天的实时销售额。整个淘宝平台,90% 的成交为手机单,后续运营需要重点关注手机端。

(2) 访客数　进店铺的人数。

(3) 支付买家数　付款的人数。

(4) 浏览量　买家在店铺看到的页面数量。

(5) 支付子订单数　一个订单下不同规格的商品数。

2. 店铺概况

如图 3-1-3、3-1-4 所示,店铺层级与排名是根据淘宝集市商家最近 30 天的支付宝成交金额计算的,层级越高,搜索流量的稳定性也越好。

第 3 步：解读视窗数据含义

1. 运营视窗

运营视窗数据表格如图 3-1-5 所示。

单元三 数 据 分 析

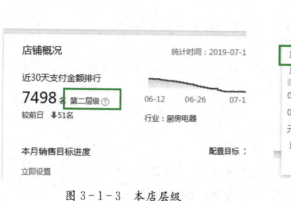

图 3-1-3 本店层级　　　　　图 3-1-4 层级划分

图 3-1-5 运营视窗数据

（1）同行　生意参谋统计的同行指的是同一个子类目。

（2）同层　指的是店铺处于同一个层级。最近 30 天的销售额越高，店铺层级就会越高。

图 3-1-2 所示中，核心指标中大部分数据持续提高，也就是曲线稳定上升，淘宝就会认为是"潜力股"，会给予更大的流量扶持；反之，如果趋势持续下降，淘宝就会降低扶持，尤其是新品。应制定表格，关注数据变化。与同行比较，如果指标长时间低于同行同层级的平均水平，淘宝也会降低扶持；反之，淘宝会增大扶持。当然，客单价高的话，其转化率、访客及流量等数据可以低于行业均值。

2. 服务视窗

如图 3-1-6 和图 3-1-7 所示，服务视窗体现地是对店铺服务统计，数据来源主要是售后服务反馈和客服的反馈,从中可以很明显看到哪项没有达标。服务对于店铺权重的影响比较大,数据反映的问题一定找出原因,然后着手解决。点击"服务体验",可以进入"服务",会有更详细的信息。

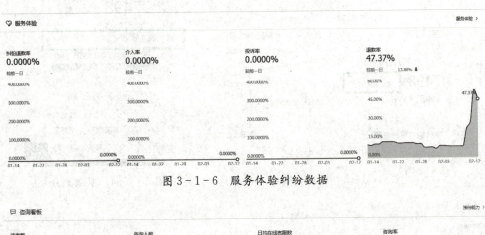

图3-1-6 服务体验纠纷数据

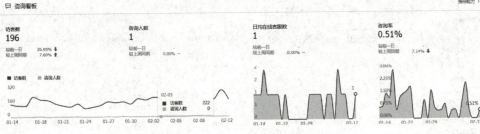

图3-1-7 咨询看板数据

3. 管理视窗

如图3-1-8所示,管理视窗的数据展示的是月度计划,以及实时的数据和预期之间的差距。

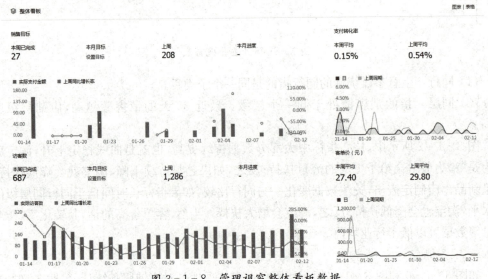

图3-1-8 管理视窗整体看板数据

第4步：解读流量看板数据含义

流量看板如图 3-1-9 所示。

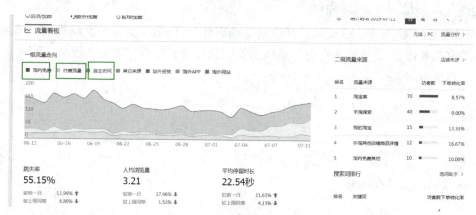

图 3-1-9　流量看板一级和二级流量展示

流量看板主要包含以下数据。

（1）一级流量走向　包含淘内免费、付费流量、自主访问。

（2）跳失率　跳失指的是进店之后，只看了一个页面，没有发生其他动作就从店铺离开。跳失率＝跳失的人数/访客数。跳失率越低越好，大于80%，说明宝贝详情有问题，所以无法留住消费者。

（3）平均停留时长　平均每人在店里停留的时间。如果停留时长小于 20 s，说明时间偏短，宝贝详情页需要优化。

（4）二级流量来源

① 免费流量：自然搜索、手淘首页、自主访问、免费其他（手淘淘金币）、内容（微淘、直播、素材中心）等。

② 付费流量：直通车、钻石展位（含超级推荐）、淘宝客、活动（天天特卖、淘金币、淘抢购、聚划算、阿里试用）等。

（5）搜索词排行榜　自然搜索，如图 3-1-10 所示。从这里可以看到消费者主要通过哪些关键词进店，以及这些词的转化率。

图 3-1-10　入店搜索关键词排行

第5步：认识转化看板

转化看板如图 3-1-11 所示，其中：访客收藏转化率＝收藏的人数/进店的人数；访客

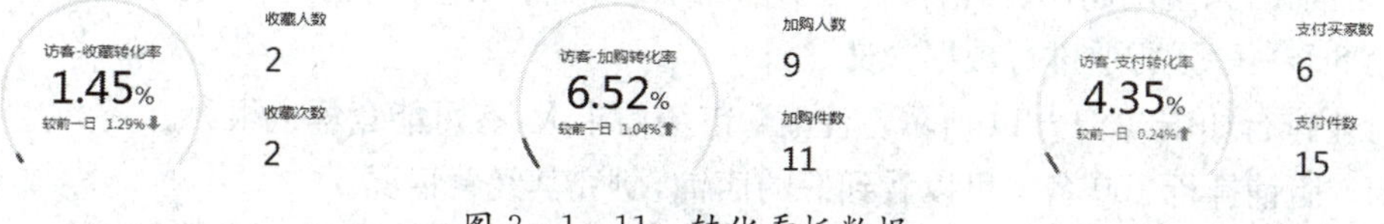

图 3-1-11　转化看板数据

架构转化率=加购的人数/进店的人数;访客支付转化率=支付的人数/进店的人数。一定要结合运营视窗,解读转化率数据。转化率不能低于行业均值,否则会影响流量。

第6步:解读评价看板数据含义

评价看板如图3-1-12所示。其数据是动态评分(DSR),由3个数据构成:描述相符评分、买家服务评分、物流服务评分。该数据对店铺权重的影响特别大。数据右侧有负面评价榜,容易发现问题。

图3-1-12 评价看板数据展示

一定要严肃对待DSR,需要制作DSR评分表格,每天记录其变化。连续1周下滑就应该采取行动,可以选择以下措施。

(1)检查店铺中哪款宝贝导致DSR下降明显,应立即降低该宝贝的推广力度。若为非主推款可下架,从而消除DSR下降的源头,阻止DSR进一步大幅度下降。

(2)挑选店铺中的优质款,替代导致DSR下降的主推款,加大新潜力款的推广力度。同时可以适当配合单品活动,快速提升单品访客数及销量,从而提升店铺DSR评分及访客数。

(3)如果店铺DSR持续下降,并导致店铺总体访客数下降,应多渠道增加店铺流量,如加大直通投入。

(4)提高赠品质量,让客户有意外惊喜。例如,用心给客户写一封信。

(5)物流周转的速度是最不可控的,但是一定要尽快发货。如遇突发情况,一定要主动和客户沟通。

(6)联系收到货的客户进行评价。

第7步:解读竞争情报数据含义

竞争情报可以说明竞争店铺流失情况,如图3-1-13所示,数据主要包括流失金额、流失人数、引起本店流失店铺数等,从中可以分析竞争对手,了解其产品款式、产品价格、服务质量、店铺装修、主图制作、详情页优化、差评回复等,然后优化自己的店铺。

第8步:解读行业排行数据含义

行业排行如图3-1-14所示。注意:市场需求大,有可能竞争也很大。

(1)店铺排行100名 可以看到好的店铺,研究其经营情况。

单元三 数据分析

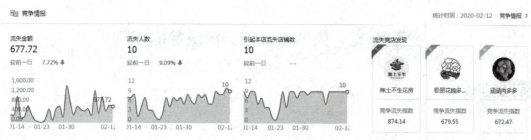

图 3-1-13 竞争情报数据

图 3-1-14 行业排行榜

（2）商品排行 100 名 可以快速了解到同类目热销商品。
（3）搜索词排名 100 名 可以了解类目里消费者现在需求量最大的商品。

任务评价

根据表 3-1-1 的项目进行评价。

表 3-1-1 生意参谋页数据理解学习评价

评价项目	自我评价(25分)		小组互评(25)		教师评价(25)		企业评价(25)	
	分值	评分	分值	评分	分值	评分	分值	评分
实时数据板块	5		5		5		5	
视窗板块	5		5		5		5	
流量、转化看板	5		5		5		5	
评价看板	5		5		5		5	
竞争情报、行业排行	5		5		5		5	

能力拓展

登录生意参谋页面，分别熟悉生意参谋首页各个板块。

任务 2 生意参谋细分板块数据解读

学习目标

1. 了解生意参谋细分各个板块。
2. 掌握生意参谋各个细分板块数据的含义。

学习任务

解读生意参谋各个组成板块的深入数据,使用生意参谋,更好地管理店铺。

任务分析

生意参谋数据非常多,首页的数据只是所有数据的概况,更详细的数据需要通过各个细分板块解读。解析数据非常复杂,而且有一定的难度。本任务就是学习看各个板块的数据,知道数据的含义,最终通过数据来指导店铺运营。

任务准备

1. 移动端信息设备,PC 端信息设备,登录生意参谋页面。
2. B2C、C2C 平台,淘宝网平台 https://www.taobao.com/,以及一个真实的淘宝店铺。

任务实施

第 1 步:解读实时数据板块

实时板块包含 4 个子页面:实时概况、实时来源、实时榜单、实时访客。

1. 实时概况

(1) 实时总览 如图 3-2-1 所示。实时数据是动态的,可以很详细地展示某时刻 PC 端和无线端的访客数、浏览量、支付金额、支付子订单数、支付买家数的详细数值,以及店铺在行业里的排名。

(2) 关注店铺的实时数据 可以第一时间发现自己店铺的问题,解决问题。

(3) 实时趋势 如图 3-2-2 所示,图中深色线条表示当日每个时间段的支付金额变化,虚线表示对比日。例如,可以根据其中的每天支付金额高峰时间段,做出额外的引流计划,比如直通车、淘宝客、其他流量推广。

2. 实时来源

这一板块数据包括 PC 端来源分布、无线端来源分布、地域分布,如图 3-2-3 所示。

PC 流量基本可以忽略,主要看无线流量。从图 3-2-4 中可以看到无线流量来源分布于免费流量、付费流量、自主访问,各自包含更细分的流量来源。

单元三 数据分析

图 3-2-1 实时板块数据总览

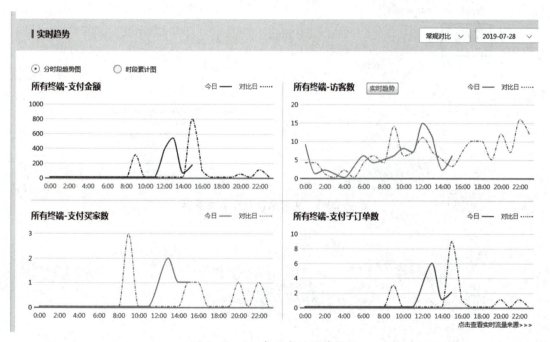

图 3-2-2 每日实时趋势数据

应该清晰了解流量构成,发现流量构成是否合理,进而优化流量来源。一般来讲,免费流量占 50%～60%,其中搜索流量占免费流量的 60% 左右,而全店流量中搜索流量只占 30%～40%,付费流量占 20%～30%,自主访问占 10%～15%。

3. **实时榜单**

如图 3-2-5 所示,实时榜单包括访客数 TOP 及支付金额 TOP,可以输入商品名称或者 ID 直接查询。

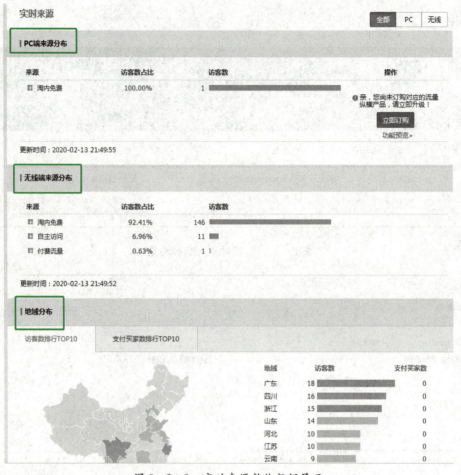

图 3-2-3　实时来源整体数据展示

图 3-2-4　无线二级数据项

榜单里包括的指标有浏览量、访客数、支付金额、支付买家、支付转化等数据，如图 3-2-6 所示。流量款是店铺基础，一定要注意流量、转化及库存的变化，维护好流量款。还要关注其他高转化的宝贝，关注其评论，可以重点推广，高转化的宝贝有流量爆发的基础。

图 3-2-5　实时榜单

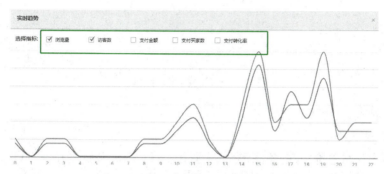

图 3-2-6　单个宝贝数据实时趋势

在商品数据后面有实时趋势选项,点击后会有宝贝从 0 时开始到当前的数据分布。可以看到商品的分时数据,这对于直通车、促销等活动很有意义的。

4. 实时访客

实时访客数据如图 3-2-7 所示。

图 3-2-7　实时访客数据

(1) 通过实时访客,针对来源找到针对客户的信息并分析顾客浏览习惯。

(2) 设置访问页面,针对分析流量来源和访客特征,可以选择单品或者爆款。

(3) 可以直接点击相应付费名称到达付费流量界面,查看付费效果竞争状态。

(4) 从实时访客数据可以查看全店的,也可以查看单个商品的链接,这个功能非常人性化。

5. 实时催付宝

如图3-2-8所示。必须同时满足以下的3个条件：在本店下单且未支付，未在其他店铺购买同类产品，每天最多提供潜力指数TOP50的买家。因为要求非常苛刻，催付的成功率非常高。尤其是大促的时候，预留客服专门负责这块的数据很有必要，可以提高销量额及转化率。

图3-2-8 实时催付功能

第2步：解读流量板块

1. 流量看板

流量看板由流量总览、我的关注、流量来源排行TOP10、关键词排行TOP10、商品流量排行TOP10、人群特性等几个板块构成。

（1）流量总览 流量总览体现的是店铺的整体流量状况，可以选实时、日、周、月等数据统计，以及与前一周期流量对比，可以很直观看出店铺的流量变化，如图3-2-9所示。

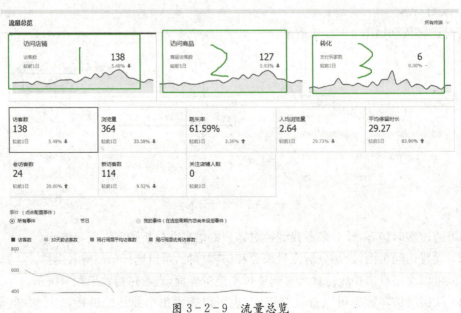

图3-2-9 流量总览

可以很直接地查看店铺实时、日、周、月的访客数、浏览量、跳失率等。根据曲线变化,很直观地查看行业的访客数、浏览量、跳失率、人均浏览量、平均停留时间等进行对比,从而发现不足点,进行针对性优化。比如,跳失率高说明大部分买家只是进到店铺看了一下,没有发生第二次点击就直接离开了,也说明店铺没有吸引买家关注的重点,导致买家对产品没有兴趣。

(2)我的关注　　如图 3-2-10 所示。这板块有流量来源和商品两块数据可选。流量来源可以选择详细的数据来源,然后又有多重指标可选(单次最多选 5 项)。每个数据来源又有详情、商品效果、人群透析(需要订购流量纵横)及趋势,点开会有更详细的数据。

图 3-2-10　我的关注流量

(3)流量来源排行榜　　如图 3-2-11 所示。可以看到店铺的访客主要从哪里来。对于重要的流量入口,要重点关注流量的稳定性。关注各个入口的流量比例。如果流量比例极端失常,则需要调整店铺引流。

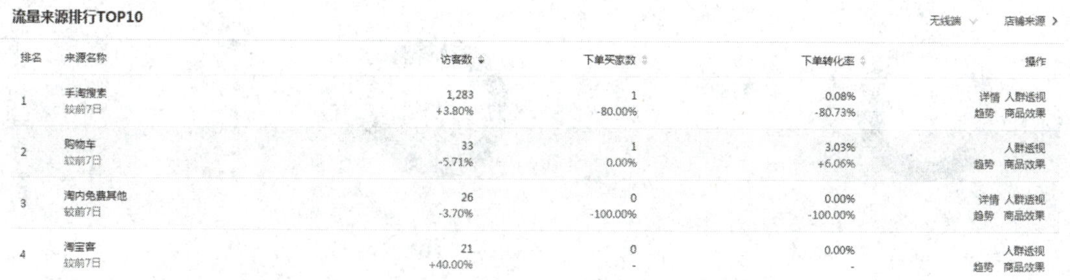

图 3-2-11　店铺流量来源排行榜

(4)关键词排行榜　　如图 3-2-12 所示。从关键词排行榜可知关键词带来的流量,清晰了解店铺引流大词。要关注这些大词流量的每日波动,如果出现异常,应及时解决问题。

(5)商品流量排行榜　　如图 3-2-13 所示。从商品流量排行榜,可以看到哪些商品是店铺主要流量来源,对于大流量商品要注意维护,关注其流量变化。可以看单品转化数据,找出转化率比较好的产品,然后重点推广。

关键词排行TOP10							无线端 ▽ 选词助手 >
排名	关键词	访客数	浏览量	下单买家数	下单转化率	支付金额	操作
1	红陶陶土花盆 较前7日	187 +196.83%	247 +212.66%	1 -	0.53% -	12.21 -	详情 趋势
2	小红蔓多肉 较前7日	171 -18.18%	320 -6.98%	0 -	0.00% -	0.00 -	详情 趋势
3	蜜风车多肉 较前7日	102 -66.11%	132 -68.65%	0 -100.00%	0.00% -100.00%	0.00 -100.00%	详情 趋势
4	金满堂桂花 较前7日	85 +157.58%	124 +202.44%	0 -100.00%	0.00% -100.00%	0.00 -100.00%	详情 趋势

图3-2-12 店铺关键词流量排行榜

商品流量排行TOP10						无线端 ▽ 商品来源 >
排名	商品	访客数	占比	支付买家数	支付转化率	操作
1	仙女杯花盆最多肉带赠红陶陶土偏差可爱小艺术	213	13.46%	1	0.47%	单品分析 商品来源
2	小红蔓多肉红色浆果植物稀有品种组合盆栽景购肉肉蓮花老桩多头潜	106	6.70%	0	0.00%	单品分析 商品来源
3	金满堂桂花阳台庭院盆栽四季开花天曾台阁偏顶殊老桩带土包活	84	5.31%	0	0.00%	单品分析 商品来源
4	小红蔓多肉红老虎蜜风车可爱盆内小叶玉树老桩云南橿	77	4.86%	0	0.00%	单品分析 商品来源

图3-2-13 商品流量排行榜

(6) 人群特征 如图3-2-14所示,包括进店人数、商品访问人数、转化人数,以及进店者性别、年龄、城市、淘气值等数据分布。通过详细的分析,可以了解自己的客户人群,进而分析他们的喜好,对美工、客户技巧、直通车进行相应优化,这样可大大提高数据分析效率。

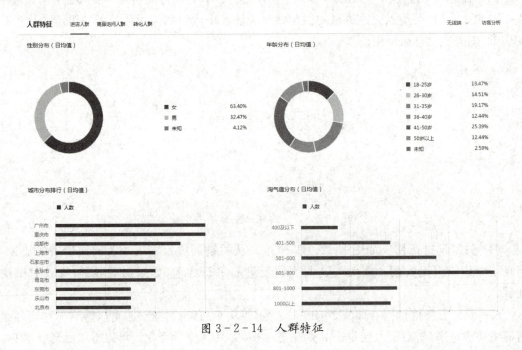

图3-2-14 人群特征

① 访客分布,如图3-2-15所示。

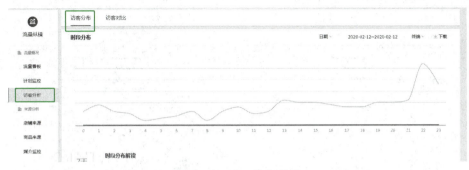

图 3-2-15 访客分析

② 时间分布。通过时间分布,可以找准访客高峰时段。注意兼顾 PC 端和无线端访客的访问习惯,对于转化率会有很大影响。分时权重数据对于何时加大付费流量推广很有指导意义。

③ 地域分布。包括访客数占比排行和下单买家数排行。如图 3-2-16 所示,访客集中来自广东省(28 人),下单买家集中来自江苏(1 人)。因此,这些地区应重点推广运营,提升流量和转化率。

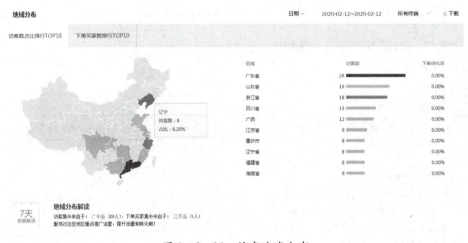

图 3-2-16 访客地域分布

④ 特征分布及行为分布。特征分布是人群画像的重要数据,如图 3-2-17 和图 3-2-18 所示。

淘气值:就是以前的会员等级,代表进店人群优质程度。想要知道人群是否优质,只要看淘气值在 600 分以上的人群比例。如果比例总和超过 50%,说明人群优质。

消费层级:是指进店人群的消费能力。可以查看店铺最高的消费层级在哪个区间,将其与店铺产品定价区间对比,看是否匹配;不匹配,说明进店人群不是意向群体,也说明店铺人群不精准,转化率偏低。

性别标签:可以看出进店人群性别是否精准,是不是垃圾人群。

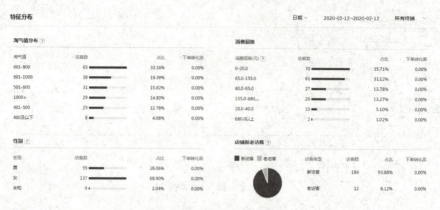

图 3-2-17 特征分布 1

图 3-2-18 特征分布 2

⑤ 访客对比，如图 3-2-19 和图 3-2-20 所示。

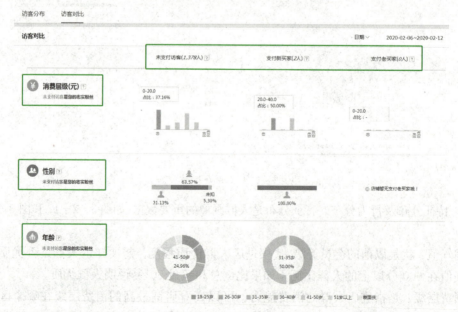

图 3-2-19 访客对比 1

通过特征分布，结合访客对比，可以知道店铺的人群画像，就能针对性地优化店铺、主图、详情页。

图 3-2-20 访客对比 2

2. 店铺流量来源

如图 3-2-21～3-2-23 所示，可以看到店铺流量构成及店铺对比数据，还可以看到行业均值访客数、转化率等数据，从而发现自己的不足。看店铺流量来源情况，点击"店铺来源"中的"构成"，查看店铺每一天的流量是从哪个入口进来的（有内免费、自主访问、付费流量、淘外网站流量等几大模块）。点击"同行"，可以看到同行同层均值的卖家店铺的引流来源，方便对比，可根据流量来源，查看哪个版块流量获取比较少。

图 3-2-21 店铺流量一级来源构成

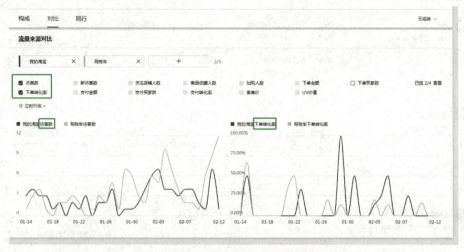

图 3-2-22　店铺流量来源对比

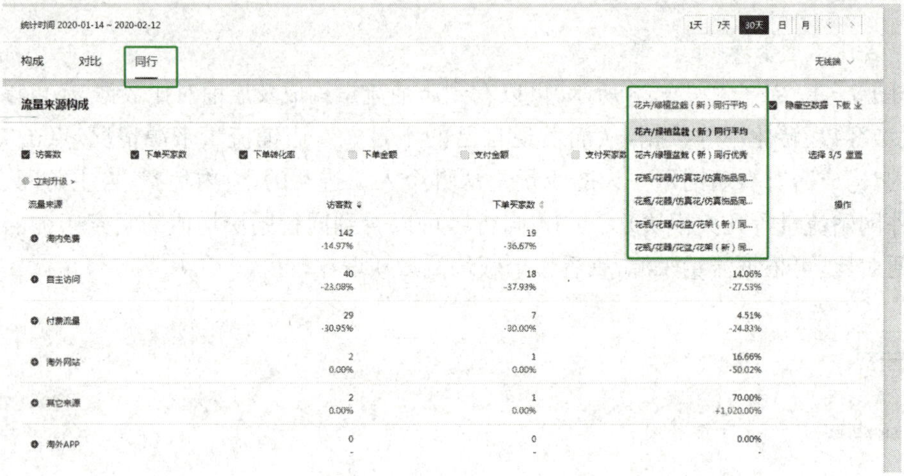

图 3-2-23　流量同行水平

3. 商品流量来源

如图 3-2-24 所示,从访客排行榜,可以看到排行宝贝的访客数、支付买家数、支付转化率等数据。不是访客数多的销量就一定多,对转化率的影响特别大。每个链接的最后都有商品来源,点击进入,可以看到相应数据。

图 3-2-24　本店商品流量排行榜

4. 选词助手

如图 3-2-25 所示，点击"选词助手"→"引流搜索词"（建议选择最近 7 天的数据），打开后可以直接看到店铺的引流词，直观看到买家是通过搜索什么词看到商品，进行点击产生流量。这些关键词都是能带来靠前展现的好词，优化标题的时候不要修改这些组合词，否则会出现降权现象，导致流量减少。

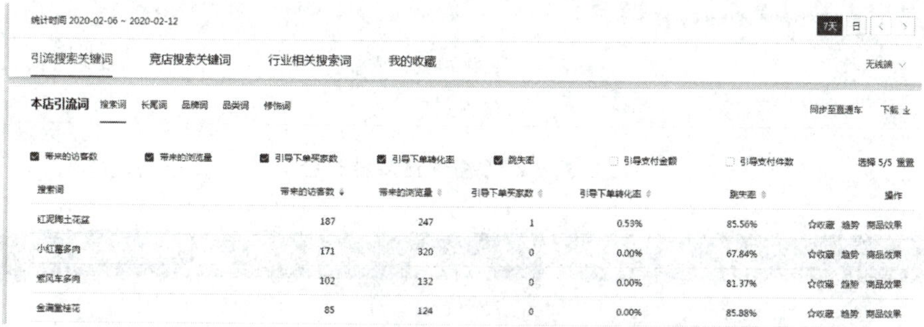

图 3-2-25 选词助手

第 3 步：解读品类板块

品类板块的宏观监控数据如图 3-2-26 和图 3-2-27 所示。

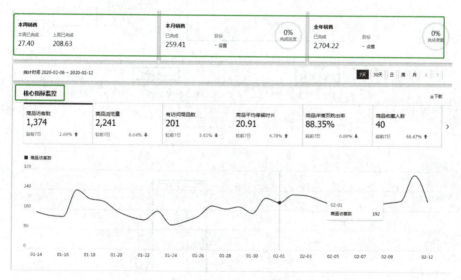

图 3-2-26 宏观监控

第 4 步：解读交易板块

1. 交易概况

交易概况包括交易总览和交易趋势两部分，如图 3-2-28 所示。

（1）交易概况　其中日期可以选最近 1 天、最近 7 天、最近 30 天，以及单日、单周、单月的平均数据。每个数值都会和近 7 天的数据进行比较，可以看到成交额的变化，如图 3-2-29 所示。

电子商务 运营实战技能

图 3-2-27 全量商品排行榜

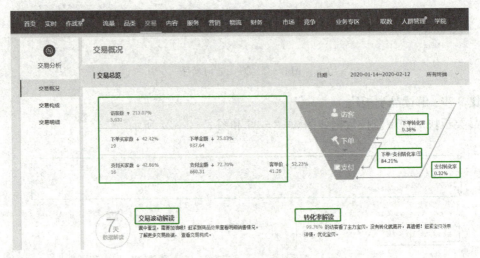

图 3-2-28 交易总览

图 3-2-29 交易时段选择

单元三 数据分析

（2）交易趋势　这里选择"不比较"，只看自己的销售额走势。也可选择"同行对比"，比较和同行均值有多大差距，如图3-2-30所示。

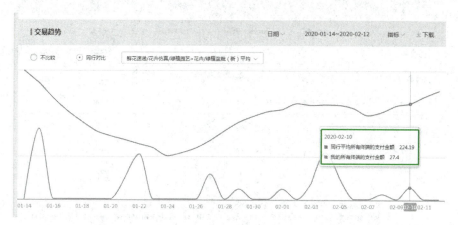

图3-2-30　交易趋势

2. 交易构成

交易构成包括终端构成、类目构成、品牌构成、价格带构成及资金回流构成等。这部分数据对于优化类目构成、店铺定位及产品定价具有指导意义，如图3-2-31所示。

图3-2-31　交易终端构成

（1）终端构成　包括无线端及PC端的转化率、订单数及销售额的占比。

（2）类目构成　包括销售类目商品的销售额排名。重点推荐可以转化率高的、销售额高的类目。对于销售额很低，而且转化率很低的商品可以逐步下架，进而提高主营类目占比，提高店铺权重，如图3-2-32所示。

（3）品牌构成　包括有多个品牌，可以直观看到品牌的销售情况，如图3-2-33所示。

（4）价格带构成　对于商品定价具有一定借鉴意义，而对于店铺的权重有很大帮助，如图3-2-34所示。

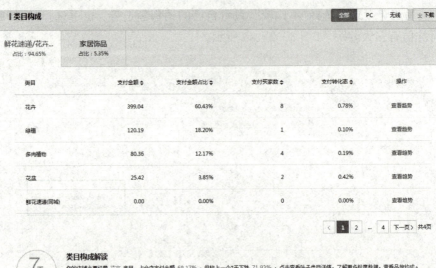

图 3-2-32 交易类目构成

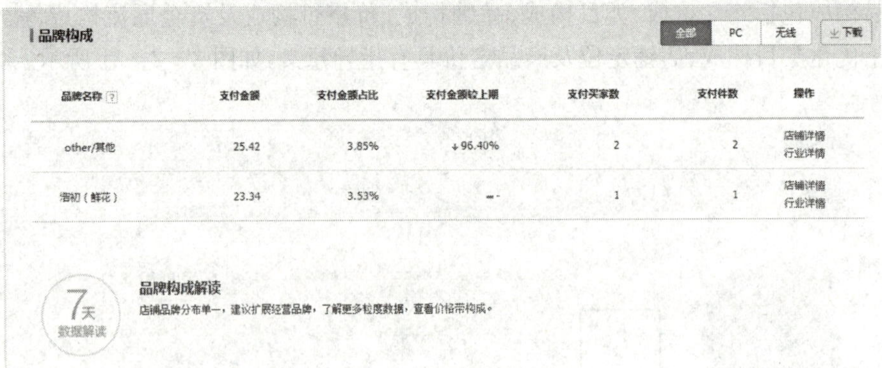

图 3-2-33 交易品牌构成

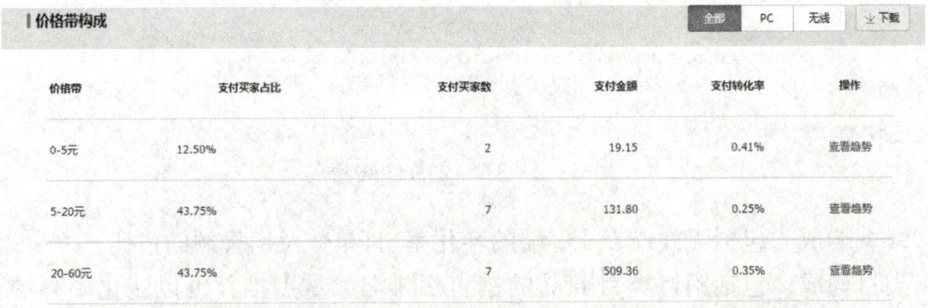

图 3-2-34 交易价格带构成

第 5 步：解读服务板块

除了售后服务能看数据，其余部分全部是付费功能。在服务权重越来越重要，一定要重视这个版块的数据。其中，售后服务共包含 4 项数据：维权概况、维权分析、评论概况、评论分析。如图3-2-35所示。

图3-2-35　服务总览

1. 维权概况

维权总览具体指标如图3-2-36所示。一定要提高退款速度和降低退款率，对于店铺权重的提升有很大帮助。红框里的项目要尽量避免，会对流量及转化有明显的负面作用。

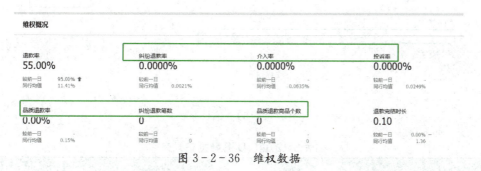

图3-2-36　维权数据

维权总览包括维权趋势及TOP退款商品（近30天），一定要去关注曲线，避免不好的指标持续上升。一定要研究TOP退款商品、退款的原因，是产品质量还是服务质量问题，然后制定相应的解决方案，如图3-2-37所示。

2. 维权分析

维权分析包括退款原因分析及退款产品，对于服务的提高及产品的分析有很好的作用，如图3-2-38和图3-2-39所示。

3. 评论概况

DSR指标是近180天内的加权平均值。如果出现连续5天下滑，一定查看评论，分析原因，然后解决问题。需制作DSR评分的表格，每天记录DSR评分的变化，见表3-2-1。

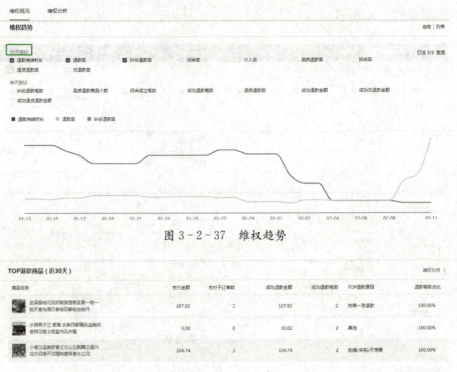

图 3-2-37 维权趋势

图 3-2-38 退款商品

图 3-2-39 维权分析

表 3-2-1 DSR 数据记录表

统计日期	店铺当前 DSR			与同行业平均水平相比		
	描述相符	服务质量	发货速度	描述相符	服务质量	发货速度
2020/2/14 上午 10 点						
2020/2/15 上午 10 点						
2020/2/16 上午 10 点						
2020/2/17 上午 10 点						

TOP 负面评价商品（近 30 天）功能很强大，统计了单个产品负面评价数（不是差评数）、负面评价关键词出现的次数，及负面评论对多少人产生了影响。注意分析差评，找到买家真正的意愿，如图 3-2-40 所示。

图 3-2-40　负面评价商品

4. 评论分析

评论内容分析里正面评价负面评价一目了然。正面评价多的商品可以作为卖点宣传，有效提高转化率。一定要注意负面评论，分析并且解决问题，否则会严重影响转化率，如图 3-2-41 和图 3-2-42 所示。

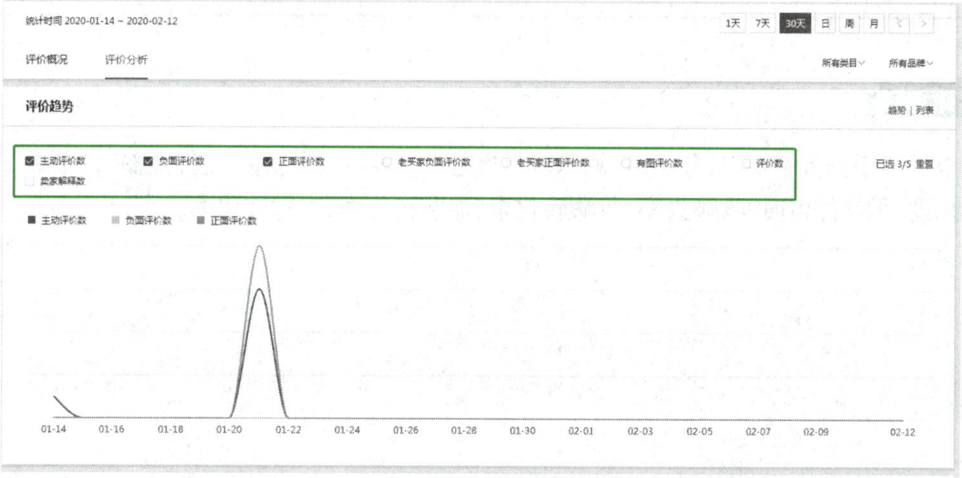

图 3-2-41　评价趋势

图 3-2-42　正面评价统计

正负面评价是对评价内容进行语义分析与识别后，所做的评价内容基础分类，会存在一定误差比例，仅供商家参考，对商家及商品的信用评分不造成任何影响。

任务评价

根据表 3-2-2 的项目进行评价。

表 3-2-2　生意参谋细分板块数据解读学习评价

评价项目	自我评价(25 分)		小组互评(25)		教师评价(25)		企业评价(25)	
	分值	评分	分值	评分	分值	评分	分值	评分
生意参谋实时数据板块	5		5		5		5	
生意参谋流量板块	5		5		5		5	
生意参谋商品板块	5		5		5		5	
生意参谋交易板块	5		5		5		5	
生意参谋服务板块	5		5		5		5	

能力拓展

根据本任务所学知识，分小组，解释以下概念：访客数、浏览量、支付金额、订单数、平均访问深度、平均停留时间、跳失率、收藏转化率、加购转化率、支付转化率。

单元四　无货源电商运营

随着电商红利的消失,电商创业的门槛越来越高。对于个体电商创业者而言,前期的创业启动非常难,需要货源和资金,而且需要运营技术。为了降低风险,减少投入,多数个体创业者前期选择一件代发货的方式。1688一件代发也是阿里巴巴给淘宝创业者提供的一项服务,由一件代发货所提炼延伸出来就是无货源电商。

无货源电商并不是真正的无货源,而是自己不囤货,由别人代发货。本单元学习无货源电商的基础操作流程,掌握无货源电商经营方法,实现个体创业者近乎零投入、零风险创业。

任务1　无货源电商工具

学习目标

1. 学会使用软件"顶商分销系统"发布宝贝。
2. 学会使用软件"逸淘"采购商品。

学习任务

本任务学习无货源店铺的原理及基础工具的使用,学会选品、上架、采购、发货。

任务分析

简单来讲,无货源就是不需要囤货,不需要投入大量的资金,也能开店获得利润。这种模式收益大,但是要想稳定高效发展,少不了一定的店铺运营知识和方法。本任务学习无货源店铺原理以及选品工具、上品工具、采购工具等基本工具的使用,完成无货源电商的基本操作。

任务准备

1. 淘宝平台的店铺或其他电商真实运营平台的店铺。
2. 给店铺开通10~20个子账号,供学生登录店铺操作。

任务实施

一、使用上架商品软件"顶商分销系统"对商品进行上架

因为店铺靠宝贝获取流量,所以上架宝贝的工作量巨大,纯手动一个个产品上架,会消耗大量的时间,所以需要用软件来提升效率。顶商分销系统是由济南顶商信息科技有限公司开发的一款易用、稳定、高效的软件。

1. 安装顶商分销系统
步骤1:在PC端安装顶商分销系统软件,扫描二维码下载软件。
步骤2:打开软件,点击发布商品。
步骤3:一键发布宝贝设置,如图4-1-1所示。

2. 基础设置
(1) 上架时间 可以选择放入仓库,也可以选择立即上架(一般选择立即上架)。
(2) 官方图片接口 必须勾选。
(3) 价格设置 一般价格设置乘以1.2~1.5倍,同时加1~2元。
(4) 其他勾选 描述加隐藏链接、验证重复复制、验证重复标题、验证重复主图。勾选这些的目的主要是方便找源头进货店和防止店铺因重复铺货而违规。

3. 运费模板设置
一般设置复制运费模板,发货时间选择3天,如图4-1-2所示。

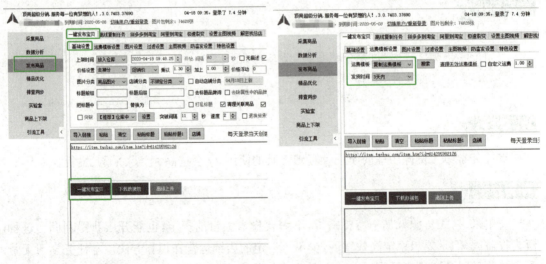

图4-1-1 一键发布宝贝设置　　　　图4-1-2 运费模板设置

4. 图片设置
(1) 重要勾选 移除图片护盾、移除描述实拍。
(2) 图片下载 只选前20张,目的是为了节省图片空间,如图4-1-3所示。

单元四　无货源电商运营

图 4-1-3　图片设置

5. 过滤设置

过滤设置如图 4-1-4 所示。

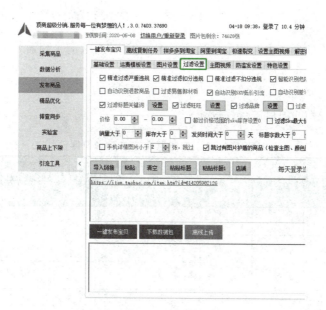

图 4-1-4　过滤设置

上货篇

请扫描二维码学习顶商分销系统发布宝贝详细操作视频《上货篇》。

二、使用采购软件"逸淘"对商品进行采购和代发

店铺出单以后就要发货。因为无货源本质上就是一件代发，所以出单后需要找人代发货，即去别的店铺下单，给客户发货。也可以手动下单，但是效率比较低，而且信息容易出错，所以需要软件来帮解决这些问题。顶商集团子公司开发了采购软件"逸淘"。从服务市

场搜索"逸淘",然后订购即可,如图4-1-5所示。

逸淘采购篇

图4-1-5 订购"逸淘"软件

请扫描二维码学习使用逸淘采购商品详细过程视频《逸淘采购篇》。

任务评价

根据表4-1-1的项目进行评价。

表4-1-1 无货源电商工具学习评价

评价项目	自我评价(25分)		小组互评(25)		教师评价(25)		企业评价(25)	
	分值	评分	分值	评分	分值	评分	分值	评分
选品	5		5		5		5	
商品上架	5		5		5		5	
商品采购	5		5		5		5	
商品发货	5		5		5		5	
任务完成度	5		5		5		5	

能力拓展

1. 使用5个蓝海词,每个蓝海词选品5个,共计选品25个,然后用顶商分销系统上架这些宝贝。

2. 使用采购工具采购和发货一单。

任务 2　无货源电商升级玩法

学习目标

1. 掌握类目运营的优势和方法。
2. 学会打造小爆款。

学习任务

本任务学习和完成单类目的运营和打造小爆款,实现代发货玩法的升级操作。

任务分析

1. 单类目的优势

最早的无货源店铺基本是纯铺货的状态,靠量取胜。但是,太多的个体进入导致蓝海变红海,加上平台对杂货店的打压管控,纯铺货的方式已经越来越难做,前途暗淡。平台导向地是做小而美的店铺,那么无货源店铺应该向一件代发的精细化运营回顾,也就是无货源融合传统店的操作手法。

单类目优势明显:一是平台导向,店铺权重提升,同时单类目店铺可以参与官方平台的所有活动,获取杂货铺不能获取的活动流量;二是店铺整齐统一,消费者体验更好,可以提升转化率和关联销售。

2. 单类目种类

可以选择的类目众多,经过几百个店铺的实操,发现比较好的类目。

(1) 运动户外　优点是流量多、竞争小、选品容易、是蓝海类目。缺点是类目商品相对繁杂,运动户外包含登山、滑雪、航海、垂钓、郊游等多个更细的类目,可以在类目里面再进行垂直化的细分。

(2) 园艺花卉　优点也是流量多、竞争小、选品容易、是蓝海类目。缺点是园艺绿植花卉类的商品比较复杂,售后较多,因为绿植花卉很容易路上腐烂死掉。

(3) 家居日用　优点是市场需求大,商品种类超级多,里面还是能发现一些蓝海商品。缺点是家居日用竞争也非常大,大卖家很多,不太容易获取流量,必须宝贝量比其他类目上的多很多。

(4) 办公文具　优点是市场需求也非常大,竞争相对其他类目小,选品也不是特别难,也是蓝海类目。缺点是办公文具注意版权,不要侵权。

(5) 五金工具　特点是市场需求也很大,商品也很丰富,有很多产品可以上架,并且竞争也不是很大,类目相对蓝海。

（6）汽车用品　优点是产品丰富、车的型号多，尤其是大卡货车的配件产品一般都是蓝海产品，容易获取流量。缺点是产品太多，专业性强，对客服要求高。

（7）畜牧用品　优点是类目竞争相对小、产品单价高、利润高，是蓝海类目。缺点是产品不够多，蓝海词不足，需要补充一些相关类目的产品。

任务准备

1. 淘宝平台店铺或电商真实运营平台店铺。
2. 给店铺开通 10~20 个子账号，供学生登录店铺操作。

任务实施

一、打造无货源小爆款

第 1 步：选品

在传统店，一般通过付费推广快速选品。但是在一件代发模式里，为了尽量不投入资金，不怎么使用付费推广。既然不用付费推广，那就主要是免费方式选品。

选品看自然数据：通过铺货自然可出现相对来说高流量高转化款。这就是选品的核心要点。前提还是铺货，铺的货多了才会有流量和转化数据。能成为爆款的肯定是流量多、转化好的款。

第 2 步：流量优化

流量多的商品要给更多的流量，因为流量是爆款的基础。

（1）标题优化　通过关键词分析，给标题添加更多蓝海词。

（2）淘客设置　开通淘客，给该宝贝设置佣金。对一件代发店铺来说，淘客虽然流量少，但是有流量就可以利用。

（3）淘金币设置　淘金币也是官方的营销工具。设置一个金币抵扣比例，一般 5%，也可以给宝贝带来一些流量。

（4）活动报名　尤其在单类目店铺里，很多宝贝都可以报名官方活动，比如"38 女王节""新势力周""618"等，这些活动都能给宝贝带来流量。

（5）店铺 DSR 评分　店铺权重对打造爆款具有基础性影响。

第 3 步：转化优化

仅仅流量多还成不了爆款，还要有足够好的转化率。

（1）价格　价格设置可以根据同行结合自己的情况进行调整。如果利润适当，价格不应太高或者太低。

（2）主图和详情　主图和详情应参考优质同行卖家来设计，因为优质同行的详情和主图已经是被市场验证过的结晶。

（3）评价和晒图　出单后尽快联系买家，给予红包的方式迅速积累好评和晒图。

（4）包邮设置　爆款一般都是包邮的。

（5）七天无理由退换货　支持七天无理由退换货，让消费者更放心。

(6) 客服　客服要更专业,提升咨询转化。

第 4 步:货源优化

(1) 降低采购成本　出单多了之后,尽量尽快地从 1688 找一个靠谱的工厂代发货,工厂一般可以给一个更低的采购价格,这样利润也就更高。

(2) 控制产品质量　爆款是能经得住市场考验的商品,也是质量靠谱的商品。所以,在优化货源的时候不仅要关注价格,还要关注产品质量。

任务评价

根据表 4-1-2 的项目进行评价。

表 4-1-2　无货源电商升级玩法学习评价

评价项目	自我评价(25 分)		小组互评(25)		教师评价(25)		企业评价(25)	
	分值	评分	分值	评分	分值	评分	分值	评分
选品	5		5		5		5	
流量优化	5		5		5		5	
转化优化	5		5		5		5	
货源优化	5		5		5		5	
任务完成度	5		5		5		5	

能力拓展

从自己店铺打造一个小爆款。

附　录　电子商务课程标准

一、课程名称
电子商务运营实战技能

二、适用专业及面向岗位
适用于中高职、专科、本科、研究生电商类、经贸类、营销类相关专业，也适用于企业培训及晋升岗位培训。面向电子商务专员、电商主管、店长岗位。

三、课程性质
本课程为专业技术技能课程，是一门培养电商店铺运营技术操作能力为主的实践课程。课程以电商运营为基础，与美工、客服、物流主管技术岗位的典型工作任务对接，涵盖电商运营主要就业岗位典型工作任务的核心内容。本课程具有综合性、实践性强的特点，也是电子商务专业的专业核心课程及特色课程。重点培养学生掌握电商基础理论、营销推广、客户管理、物流管理基础知识，以及店铺运营推广、售后服务项目操作的实践工作能力。

四、课程设计

（一）设计思路
校企共同开发，依据电商店铺运营的职业能力要求，以及岗位真实工作任务，确定课程目标；基于岗位工作过程典型任务的技术操作规范，设计学习任务，突出电商店铺运营操作能力培养。本课程以店铺装修、产品上传等真实工作任务引领，提供优秀案例学习。课程内容及考核标准与国家电子商务师职业资格标准要求衔接，教学过程与日常店铺运营操作的工作过程对接，以工学交替、任务训练为主要学习形式，让学生在教师的指导及与同学的相互配合下，熟练操作淘宝平台。

（二）内容组织
将完成岗位典型工作任务所需知识及能力，与电子商务师职业资格标准要求相融合，结合岗位职业资格考核重点，组织教学内容。以项目化教学为主要教学形式，教学内容由电商平台认识、店铺基础操作、店铺装修、选品、搜索排名优化、付费推广、数据分析、爆款打造、无货源新玩法入门、无货源升级玩法等10个主要学习任务及若干个典型工作任务组成。

五、课程教学目标

（一）认知目标
1. 了解电商的定义、特点和发展意义学习，对电商行业有初步认识

2. 熟悉典型电商平台的特点
3. 熟悉淘宝平台的规则
4. 了解淘宝的搜索排序的重要性
5. 了解付费推广的重要性
6. 了解无货源店群模式原理

(二) 能力目标

1. 掌握店铺基础营销工具的使用
2. 掌握物流的设置方法与技巧
3. 掌握交易信息的查看技巧与重点
4. 掌握宝贝发布的方法与技巧
5. 学会优化主图和产品详情页方法
6. 能够利用平台的数据选出适合目标市场的产品
7. 能够设置店铺基础信息、宝贝分类、子账号建设与管理
8. 能够独立完成作店铺PC端装修和无线端装修
9. 掌握淘宝搜索排名优化的方法与技巧
10. 掌握直通车的推广方法与技巧
11. 掌握钻石展位的推广方法与技巧
12. 掌握淘宝的推广方法与技巧
13. 掌握用生意参谋进行数据分析的方法
14. 掌握无货源店铺的玩法

六、参考学时与学分

32个课时,3学分。

七、课程结构

序号	学习任务(单元、模块)	对接典型工作任务	知识、技能要求	教学活动设计	学时
1	店铺后台基础操作	基础软件的订购与使用	1. 了解淘宝基础软件的订购方法。 2. 掌握打折、满减、发放优惠券、套餐搭配等淘宝基础软件的使用	1. 实操教学:各种基础营销工具的使用。 2. 任务考核:学生正确设置优惠券、满减、打折以及搭配套餐。 3. 解释店铺动态评分。 4. 按要求正确设置一个运费模板。 5. 添加子账号并且设置权限	2
		店铺开通花呗与信用卡	1. 了解淘宝支付软件花呗的开通方法。 2. 掌握淘宝基础支付信用卡的开通方法		6
		交易管理	1. 掌握订单信息的查看及解读。 2. 掌握并理解评价体系的重要性,以及管理店铺评价的方法		

附 录 电子商务课程标准

续 表

序号	学习任务(单元、模块)	对接典型工作任务	知识、技能要求	教学活动设计	学时
2		物流管理	1. 掌握从网店后台开通物流服务商的方法。 2. 了解设置地址库的步骤。 3. 重点掌握新建运费模板方法	6. 给多肉植物建立词库,设置标题,设置主图及主图视频	
		店铺管理	1. 掌握店铺的基础设置与子账号建设。 2. 了解店铺装修后台操作。 3. 掌握店铺宝贝分类管理		
		宝贝上架	1. 掌握发布宝贝的方法、流程。 2. 理解类目与属性的概念。 3. 理解宝贝标题、主图、详情页的概念		
3	产品推广	搜索排名优化	1. 了解淘宝搜索排名优化的定义及重要性。 2. 掌握淘宝平台搜索排名的原理。 3. 掌握搜索排名的具体优化方法技巧	1. 阐述淘宝搜索排名的核心原理。 2. 新建直通车标准投放计划。 3. 新建钻石站位投放计划。 4. 设置淘客营销计划和如意投计划	14
		直通车推广	1. 熟悉直通车的基本知识。 2. 学会制定直通车推广计划。 3. 掌握直通车关键词设置及优化技巧		
		钻石站位推广	1. 了解钻石展位的基本知识。 2. 掌握钻石展位操作的基本流程。 3. 学会新建钻石展位推广计划		
		淘宝客推广	1. 了解淘宝客基本知识。 2. 学会设置淘宝客计划。 3. 学会用淘宝客推广给店铺引流		
4	数据分析	数据分析入门	1. 了解数据分析的重要性。 2. 掌握生意参谋首页板块的组成	1. 阐述生意参谋首页主要数据板块。 2. 找一个案例店铺,通过生意参谋首页数据,分析店铺运营情况	4
		生意参谋数据解析	1. 了解生意参谋各个板块。 2. 掌握生意参谋各个板块的数据解析		
5	无货源电商	无货源电商基础	1. 了解无货源店铺的原理。 2. 掌握选品方法。 3. 学会使用无货源店铺基本工具	1. 找蓝海词20个,整理到一个文档内。 2. 根据蓝海词,每个词找5个商品链接,整理成文档	4
		无货源电商升级玩法	1. 掌握类目运营的优势和方法。 2. 学会小爆款的打造		

八、资源开发与利用

（一）教材编写与使用

（1）教材编写既要满足行业标准要求，又要兼顾国家电子商务师职业资格考证要求，理论知识以职业资格标准及实际应用为重点，操作内容应以符合行业企业跨境电商运营项目标准化、规范操作要求为原则。

（2）教材内容应体现先进性、通用性、实用性，将本专业技术创新纳入教材，使教材更贴近专业的发展和实际的需要。

（3）教材体例突破传统教材的学科体系框架，以任务训练、案例导入、思维导图、视频等丰富的形式表现，理论知识以二维码形式呈现，方便学生课外学习。

（二）数字化资源开发与利用

校企共同开发和利用网络教学平台及网络课程资源。利用在线学习平台，由学校和企业发布课堂教学课件、操作培训视频、考核标准、任务训练、微课等资源。学生可在线学习课程资料，采取线上线下学习相结合的方式，更灵活地完成课程的学习任务。导师也可以发布非课程任务的辅导材料（形式包括但不限于视频、PDF、Word文档等），便于学生碎片化学习阅读，拓展相关知识点。利用在线交流互动平台，学生和导师之间在线交流。

（三）企业岗位培养资源的开发与利用

根据跨境电商行业发展要求，将店铺运营技巧整理为课堂教学、案例教学的资源，作为岗位培养的教学资源，和岗位培养的教学条件，利用移动互联、云计算、物联网等技术手段，建立信息化平台，实现线上线下教育相结合，改善教学条件，使教学内容与行业发展要求相适应。

九、教学建议

校企合作完成课程教学任务。教学形式采用集中授课、任务训练、岗位培养形式，学校导师集中讲授项目理论知识，让学生掌握操作原理。企业导师以任务训练、在岗培养等形式，开展项目操作技术技能训练及岗位实践，让学生学会操作并符合上岗要求。教学过程突出"做中学、学中做"，校内以课堂教学与课外训练相结合，主要提高学生的实操能力。岗位实践以工学交替形式，培养专业技术综合能力。

十、课程实施条件

具备专业水平及职业培训能力的双导师、校企实训资源是本课程实施的基本条件。学校提供专业理论及基本技能教学的师资及实训条件，企业提供现场教学、岗位能力培养的师资及实训条件。承任课程教学任务的教师应熟悉岗位工作流程，了解跨境电商行业商业活动，能独立完成所有项目流程及操作技能示范。校内专业实训室建设应有仿真教训、任务训练、职业技能证书考证的相关设备条件，实现教学与实训合一、教学与培训合一、教学与考证合一，满足学生综合职业能力培养的要求。企业有本课程全部项目训练的设施设备、场地及足够的学徒岗位，能满足学徒岗位培养条件。

十一、教学评价

采用过程性评价与结果考核评价相结合等多元评价的方式，将课堂提问、任务训练、课外实践、项目考核、任务考核的成绩计入过程考核评价成绩,其中项目操作考核有单项技能考核、综合技能考核。除了考核操作流程外,操作技能考核还考核与各部门的沟通协调能力、统筹运营能力。结果考核以店铺评分、订单量考核为重点。

　　教学评价应注意学生专业技术操作能力、技术培训指导能力、解决问题能力的考核,强调操作规范的同时应引导灵活运用运营技巧,对在技巧应用上有创新的学生应给予特别鼓励,全面、综合评价学生能力。

电商运营内容结构图

主干：电商运营实战技能

分支（从头到尾）：

无货源电商
- 3. 掌握采购软件的使用方法
- 2. 掌握软件"逸淘"的使用方法
- 1. 掌握"顶商分销系统"的使用方法，从而快速上架宝贝

- 1. 掌握无货源电商的概念
- 2. 掌握无货源电商的操作方法与步骤
- 3. 掌握无货源电商单类目爆款玩法小技巧
- 1. 掌握无货源电商升级玩法：单类目玩法

数据分析
- 3. 掌握新建淘宝客如意设计和定向计划的方法
- 2. 掌握新建淘宝客通用计划和营销计划的方法
- 1. 了解淘宝客推广的概念

- 1. 了解数据分析的重要性以及数据分析软件"生意参谋"
- 2. 掌握生意参谋首页数据分析板块的各项数据
- 3. 掌握生意参谋其他细分板块数据分析

付费营销推广
- 3. 掌握新建直通车标准推计划的方法和步骤
- 2. 掌握新建直通车智能计划的方法和步骤
- 1. 掌握直通车推广的概念、展示位置、数据字段

- 1. 了解钻石展位展示位置的概念和展示位置
- 2. 掌握钻石展位主要数据段的含义
- 3. 掌握新建钻石展位计划的方法和步骤

自然搜索排名优化
- 3. 使用软件"名不虚传"分析蓝海词，通过蓝海词选品
- 2. 掌握蓝海的思想，并且可以把蓝海运用到店铺运营

- 1. 掌握平台自然搜索模型
- 2. 运用搜索模型提升宝贝的权重和排名

产品发布与优化
- 3. 掌握销售规格、详情图等其他宝贝信息的填写
- 2. 理解产品属性，正确填写产品属性
- 1. 掌握产品的选择方法及步骤

- 1. 掌握店铺分类的设置方法
- 2. 掌握店铺子账号的建设与管理方法
- 3. 掌握店铺基本信息的设置方法

店铺后台的操作
- 3. 订单交易信息的全面解读
- 2. 掌握花呗和信用卡的开通方法与步骤
- 1. 掌握物流模板和地址库设置方法

- 1. 掌握打折工具的使用
- 2. 优惠券工具的设置
- 3. 掌握满减与搭配工具的设置方法

了解电商行业

图书在版编目(CIP)数据

电子商务运营实战技能/靳亚峰,郭曼,陈瑜主编. —上海:复旦大学出版社,2020.8
电子商务专业校企双元育人教材系列
ISBN 978-7-309-15199-2

Ⅰ.①电⋯　Ⅱ.①靳⋯ ②郭⋯ ③陈⋯　Ⅲ.①电子商务-运营管理-教材　Ⅳ.①F713.365.1

中国版本图书馆 CIP 数据核字(2020)第 134226 号

电子商务运营实战技能
靳亚峰　郭　曼　陈　瑜　主编
责任编辑/张志军

复旦大学出版社有限公司出版发行
上海市国权路 579 号　邮编:200433
网址:fupnet@fudanpress.com　http://www.fudanpress.com
门市零售:86-21-65102580　团体订购:86-21-65104505
外埠邮购:86-21-65642846　出版部电话:86-21-65642845
上海四维数字图文有限公司

开本 787×1092　1/16　印张 8.5　字数 196 千
2020 年 8 月第 1 版第 1 次印刷

ISBN 978-7-309-15199-2/F・2721
定价:40.00 元

如有印装质量问题,请向复旦大学出版社有限公司出版部调换。
版权所有　侵权必究

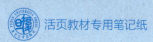

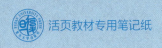

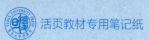